성철스님

화두 참선법

성철스님
화두 참선법

원택스님 엮음

| 서문 |

성철스님의 선수행

　　　　　성철스님은 어떻게 불교에 귀의하게 되셨고 어떻게 화두 참선을 해서 불법(佛法) 진리를 깨치게 되셨는가를 소개하면서 서문에 대신할까 합니다.

스님께서는 1912년 음력 2월 19일, 경남 산청군 단성면 묵곡리에서 태어나셔서 20세 전후까지 고향에 머무셨습니다. 일제강점기에 소학교를 졸업하고 서당에서『자치통감(資治通鑑)』까지 마친 뒤로는 더 이상 남에게 배우지 않고 스스로 독학하시면서, '영원에서 영원으로' 통하는 진리를 찾아 동서양의 철학서들을 독파하셨다고 합니다.

20세 전까지는 불교에 대해 전혀 아는 바가 없었고 관심도 없으셨다고 하는데, 다만 사람이 죽지 않고 영원토록 살 수는 없을까 하는 생각들이 어릴 때부터 마음속에 가득했을 뿐이라고 합니다. 그래서 이런 책 저런 책 등을 꽤나 광범위하게 보았지만 당신이 볼 때는 영원하고 자유로운 길을 제시한 책은 하나도 없었다고 합니다.

다음은 스님의 체험담입니다.

"그런데 어느 날 『채근담(菜根譚)』이라는 책이 있어 그것을 펼쳐보다가 한 군데 눈이 딱 멈추었습니다.

    나에게 한 권의 책이 있으니
    종이와 먹으로 만든 것이 아니다.
    펼쳐 여니 글자 한 자 없으나
    항상 큰 광명을 비친다.
    我有一卷經하니
    不因紙墨成이라
    展開無一字호대
    常放大光明이니라.

이 글귀를 읽으니 참 호기심이 많이 났습니다. '아마 그럴 것이

다. 종이에다 먹으로 설명해 놓은 것 가지고 안 될 것이다. 종이와 먹을 떠난 참 내 마음 가운데 항상 큰 광명을 비치는 경이 있을 것이다. 그러면 어떻게 해야 이 글자 한 자 없는 경을 읽을 수 있을까?' 하는 생각이 들었습니다. 그 뒤로 대광명을 비치는 문자 없는 경이 있는 것 같아서 그것을 찾아본다고 참선을 익히기 시작하였습니다."

그렇게 글자 없는 경을 찾고자 애쓰고 계시던 어느 날, 우연히 어떤 스님에게서 영가대사의 『증도가(證道歌)』를 얻어서 읽어 보시고는 '마치 캄캄한 밤중에 밝은 횃불을 만난 듯' 하여 '아, 이런 공부가 있구나!' 하는 충격과 함께 영원한 길의 실마리를 찾으셨습니다.

스님께서는 더욱 자신을 가지고, 마침내 지리산 대원사로 들어가 탑전에서 혼자 머물며 "개에게는 불성(佛性)이 없다"는 조주스님의 '무(無)자 화두'를 가지고 참선에 용맹정진하였습니다. 공부에 든 지 "사십이일 만에 마음이 다른 데로 도망가지 않고 동정일여(動靜一如)의 경지에 들어가게 되었다"고 체험을 고백하십니다.

이렇게 열심히 정진하는 청년을 감당할 수 없었던 대원사 주지스님은 본사인 해인사로 "무섭게 참선 정진하는 청년이 있으니 본사로 데려가서 잘 지도해 주시오." 하는 편지를 띄웁니다. 그러자 당시 해인사 총무 소임을 보던 최범술 스님이 대원사로 와서 청년을 해인사로 데려가게 되었고, 마침내 1937년 3월, 청년은 동산스님에게서 성철이라는 법명을 받고 비로소 스님이 되어 화두 정진에 더욱 전력하게 됩니다.

3년이 지난 1940년 여름, 성철스님은 29세의 나이로 대구 동화사 금당선원에서 마침내 칠통(漆桶)을 타파하고 오도송(悟道頌)을 남기십니다. 동화사 금당선원에서 견성한 뒤로 눕지도 자지도 졸지도 않는 장좌불와(長坐不臥)의 정진이 저절로 이어져 8년여 동안 지속되었습니다. 그동안에 밤중에도 졸기는커녕 고개 한 번 떨구어 본 적이 없이 꼿꼿이 보내셨다고 합니다.

이렇듯 성철스님께서는 화두 참선법에서 먼저 힘을 얻으시고, 성전암 10여 년의 동구불출(洞口不出) 시절에 팔만대장경과 조사 어록을 널리 열람하시면서 당신이 깨친 내용이 부처님과 조사의 뜻에 조금도 어긋남이 없음을 확신하셨던 것입니다. 그리고 그러한 수행의 체험과 학문적 연구가 곧 스님의 안목과 지혜가 되어 오늘날 스님의 가르침과 저술로 남게 되었습니다.

스님께서는 이 책의 '지상문답'에서 간곡히 말씀하시고 계십니다.

"화두하는 것은 생각하는 것이지 외우는 것이 아니다. 화두는 외우는 것이 아니고 '어째서……라 했는가?'라고 의심해서 그 이유를 알아야 한다. 화두할 때는 화두만 부지런히 해서 몸뚱이가 있는지 없는지 그것도 잊어버려야 한다."

처음 이 책을 준비하면서 생각한 것은 성철스님의 화두 참선법을 세상에 알려서 선수행의 바른 길을 열어보고자 하는 뜻에서였습니다. 그러나 성철스님께서 직접 선수행에 대해서 알기 쉽게 정리해 놓으신 내용이 없었습니다. 때문에 스님께서 남기신 저술과 법문에서 말씀하신 화두 참선법에 대한 것을 여기저기에서 단편적으로 끌어와 하나의 책으로 엮어내려고 하니 여간 힘든 일이 아니었습니다. 또한, 참선수행을 하고자 하는 전문가들뿐 아니라 초보자들도 쉽게 이해할 수 있는 쉬운 책을 만들고 싶었습니다. 그러나 원고를 정리하고 보니 호랑이를 그리려다 고양이도 그리지 못한 형국이 된 듯하여, 큰스님께 부끄러울 따름입니다.

성철스님께서도 처음에는 화두 참선에 대해서 전혀 알지 못하시다가 "어떻게 해야 글자 한 자 없는 경을 읽을 수 있을까?" 하는 생각이 들게 되고 마침내 불교의 화두 참선에 심취하여 영원한 자유의 삶을 얻게 되었습니다.

우리들도 성철스님께서 가신 길을 따라 "하지 않을 뿐이지 하지 못할 일은 없다."는 원을 세워서 화두 참선 길에 부지런히 나서야겠습니다. 성철스님께서 "이 글자 없는 경(經), 말하자면 부처님과 똑같은 지혜 덕상을 가졌다는 자아경(自我經), 자기 마음 가운데 있는 경을 분명히 읽을 줄 알아야 할 것입니다." 하신 당부를 마음에 되새겨서 우리 모두 영원한 자유의 길로 나아가야겠습니다. 큰스님의 가르침을 의지해서 밤하늘의 별처럼 무수한 바른 화두 참선수행인들이 나기를 발원해 봅니다.

이 책은 성철 큰스님 열반 15주기에 즈음하여 김영사에서 발간한 것을 출판계약이 만료됨에 따라 2016년부터 도서출판 장경각에서 발행하게 되었습니다.

모쪼록 큰스님의 뜻을 바르게 전하지 못한 허물이 있다면 미진한 소납의 잘못이니 경책해 주시길 바랍니다.

불기 2560년(2016) 성도재일
성철스님 열반 23주기에 즈음하여
원택 화남

| 차 례 |

서문_ 성철스님의 선수행　　　　　　　　… 12

1_ 참선수행
깨달음에 그 근본이 있다　　　　　　　… 23

2_ 참선의 방법
참다운 고요함에 이르기 위하여　　　　… 39

3_ 무엇보다 화두!
공부할 때 피해야 할 세 가지　　　　　… 51
수좌 5계　　　　　　　　　　　　　　… 55
화두 참구의 두 가지 원칙　　　　　　… 59
화두를 올바르게 참구하는 법　　　　　… 61
오매일여　　　　　　　　　　　　　　… 70
화두 참구의 관문　　　　　　　　　　… 78
죽은 자리에서 다시 살아나다　　　　　… 87
화두 참구 중의 장애　　　　　　　　　… 97

4_ 참된 견성의 본질

중도를 깨달아야 한다 ··· 109
견성이 바로 성불이다 ··· 125
견성은 무념무심 ··· 132
대원경지(大圓鏡智) ··· 138
안팎이 훤히 밝다 ··· 142

5_ 깨달음의 향기

조사스님 이야기 ··· 149

6_ 결어

이것이 무엇인고 ··· 189

지상문답 ··· 197
용어풀이 ··· 223

1

참선 수행

일러두기
—
● 표의 용어는 책 말미에 용어풀이 편에 가나다 순서로 정리하였습니다.

깨달음에 그 근본이 있다

불교란 과연 무엇일까요? 불교(佛敎)란 불(佛), 즉 부처님의 가르침[敎]입니다. 부처[佛]란 '깨친 사람'이란 뜻이고, 불교란 모든 것의 본원(本源) 자체를 바로 깨친 사람인 부처의 가르침이므로 결국 깨달음에 그 근본 뜻이 있습니다. 만약 불교를 이야기하면서 깨친다[覺]는 데에서 한 발짝이라도 벗어나면 그것은 절대로 불교가 아닙니다. 일체를 총괄적으로 표현하여서는 법성(法性)˚이라 하고, 각각 개별적으로 말할 때는 자성(自性)˚이라고 하는데, 그 근본에서는 법성이 바로 자성이고 자성이 바로 법성이니 자성이라 하든 법성이라 하든, 이 본원 자체를 바로 깨친 사람을 부처라 합니다.

2500여 년 전에 석가모니 부처님께서 부다가야의 보리수 아래에서 샛별을 보시고 정각(正覺)을 이루셨으니 이것이 불교의 근본 출발점입니다. 부처님은 많은 지식을 얻었거나 절대신의 계시를 받아서 부처가 된 것이 아니라 보리수 아래에서 스스로 선정(禪定)을 닦아 자기의 자성을, 다시 말하자면 일체 만법의 법성을 바로 깨쳐서 부처님이 되었습니다. 이것이 바로 불교의 출발점입니다. 그렇기 때문에 과거·현재·미래의 모든 부처님들과 모든 조사(祖師)스님들이 자기 성품, 자기 마음을 깨쳐서 부처를 이루었지[成佛] 절대신이나 언어문자에 의지해서 부처를 이룬 사람은 한 사람도 없습니다. 이것이 우리 불교의 근본 생명선이자, 영원한 철칙이며 만세의 표준입니다.

그런데 내가 이렇게 부처가 어떻고 선이 어떻고 교리가 어떻고 하는 이야기는 본질에서 이야기하자면, 사실 여러분에게 바른 가르침을 주는 것이 아니라 오히려 독약을 주는 것과 같습니다. 내가 하는 이야기가 사람 죽이는 독약인 줄 바로 알 것 같으면 그런 사람은 어느 정도까지 불법을 짐작할 수 있다고 하겠습니다.

부처 되려는 병, 조사(祖師) 되려는 병, 이 모든 병을 고치기 위해서는 우리의 자성을 깨쳐서 모든 집착에서 벗어나면 참으로 자유자재한 사람이 될 수 있지만 그렇지 못하고서는 집착을 버릴 수 없습니다. 그러므로 정신이 바른 사람이라면 부처님이나 달마조사가 와서 설법을 한다 하여도 귀를 막고 달아나 버려야 합니다.

예전에 무착문희(無着文喜, 820~899)*스님이 오대산에 가서 문수보살을 친견하려고 공양주를 하고 있었습니다. 하루는 큰 가마솥에 팥죽을 끓이고 있는데 그 팥죽 끓는 솥 위에 문수보살이 현신(現身)하였습니다. 보통 사람 같으면 문수보살을 직접 만나뵈었다고 대중을 모으려고 야단했을 터인데 무착스님은 팥죽을 저었던 주걱으로 문수보살*의 뺨을 후려치면서 말했습니다.

"문수는 그저 문수일 뿐이며 무착은 나 무착일 뿐이다."

그와 같이 여러분 중에서 "성철은 그저 성철일 뿐이고 나는 나다. 긴 소리 짧은 소리 무슨 잠꼬대가 그리 많으냐?" 하고 달려드는 진정한 공부인이 있다면 내가 참으로 그 사람을 법상 위에 모셔 놓고 한없이 절을 하겠습니다. 그런 무착스님의 기개가 참으로 출격장부(出格丈夫)*이며 펄펄 살아 있는 사람입니다. 내 밥 내가 먹고 사는 사람들인데 어째서 남의 집 밥을 구걸하느냐 말입니다. 부디 내 밥 내가 먹고 당당하게 살아야 합니다.

이런 이야기를 하면 언어문자로는 왜 깨달음을 얻을 수 없느냐면서 6바라밀행*을 닦아 만행하면서 정각(正覺)을 성취하는 것은 안 되느냐고 흔히 수좌˚들이 묻습니다. 거기에 대해서 예전 조사스님들이 하신 말씀이 있습니다.

> 만행을 하며 6바라밀행을 닦아 성불하려고 하는 것은 송장을 타고 바다를 건너가는 것과 같다.

어떤 바보 같은 사람이 송장을 타고 바다를 건너가겠습니까? 6바라밀행이 보살행으로서 아무리 좋다고 하지만 이것으로는 자기 자성을 깨치지 못합니다.

조선시대 서산(西山, 1520~1604)˚스님은 이런 말씀을 하셨습니다.

> 오히려 일생 동안 어리석은 바보가 될지언정 문자승(文字僧)이 되길 바라지 않느니라.

물론 공부를 할 때는 이론과 실천이 병행되어야 합니다. 경전을 배우면서 참선을 하고, 참선을 하면서 경전을 배우고 조사어록을 읽어야 합니다. 그렇지만 언어문자는 산 사람이 아닌 종이 위에 그린 사람인 줄 분명히 알고 마음 깨치는 것을 근본으로 삼아야 합니다.

우리들의 마음을 깨치려고 하면 여러 방법이 있지만 언어문자를 버리고 바로 깨치는 것이 지름길입니다. 예전 스님들이 깨달은 이야기를 해 보겠습니다.

네가 비록 억천만 겁 동안 여래의 온갖 법문을 기억하여도 하루 동안 선정(禪定)을 닦느니만 못하느니라.

부처님께서 아난*존자에게 하신 말씀입니다. 아난존자가 총명하고 지해(知解)가 뛰어나서 언어문자를 기억하는 것으로만 생명으로 삼고 실제 선정을 닦지 않으므로 부처님께서 너무나 딱하게 여겨 아난에게 하신 말씀입니다. 이 외에도 부처님께서 언어문자만 기억하는 것으로 만족해 하는 아난에게 타이르신 일이 많습니다.

너와 나는 저 과거 무수한 시간 동안 같이 발심(發心)*하여 성불하려고 공부하였다. 그러나 너는 다만 언어문자만 따라가서 그것만 기억하고, 나는 틈만 있으면 선정을 닦았다. 선정을 닦는 것은 밥을 먹는 것이요, 언어문자를 기억하는 것은 밥 얘기만 하는 것이니 어찌 배가 부를 수 있을 것인가. 언어문자란 처방전이다. 거기에 의거해서 약을 지어 먹어야 병이 낫는 것이지 처방전만 열심히 외워 보았자 병은 낫지 않는다. 너는 처방전만 기억하고 있으니 중생병이 낫지 않은 것이고 나는 약방문에 의지해서 약을 먹었기 때문에 부처를 이루었다.

이처럼 늘 언어문자를 기억하는 것을 능사로 삼지 말고 깊이 선정을 닦으라고 간절하게 부처님께서 말씀하셨으나, 아난은 부처님 생전에는 그 병을 고치지 못하고 마음으로 깨침을 얻지 못했습니다.

부처님이 돌아가신 뒤 가섭*존자가 중심이 되어 대중들을 모아 부처님께서 생전에 하신 법문들을 수집·정리하게 되었는데 거기에 아난존자도 참석하였습니다. 아난존자의 총명·지혜는 물을 이 그릇에서 저 그릇으로 옮겨 부을 때 물 한 방울 흘리지 않고 붓듯이, 그렇게 뛰어나다는 평을 들었던 만큼 부처님 법문을 수집하는 일에도 빠질 수 없는 존재였습니다. 그런데 가섭존자가 생각해 보니 아난의 총명이 뛰어나 부처님 법문을 다 기억은 하고 있으나 마음으로 깨치지를 못하였으므로 실제의 부처님 법은 모르니, 그런 사람을 대표로 내세워 결집(結集)*한다는 것은 있을 수 없는 일이었습니다.

금강산 안내문을 잘 외워 자기가 본 것같이 설명할 수 있다 하여도 실제로 금강산을 본 사람과 못 본 사람과는 근본적으로 다른 것 아니겠습니까? 부처님 법문을 결집하는 데도 참으로 자기가 눈을 뜨고 자기가 법을 보고 자기의 마음을 깨친 후에 부처님의 법을 소개해야만 부처님 법문이 산 법문이 되는 것이지, 그렇지 않고 녹음기 틀어 놓듯이 말로만 전하는 것만으로는 근본 생명이 없어지고 마는 것입니다. 그래서 가섭존자는 아난이 없으면 부처님 법문을 결집하지 못한다는 대중들의 권유를 뿌리치고 "여기는 사자굴이니 너같이 마른 지혜 때문에 몹쓸 병이 든 여우가 어찌 이 사자굴에 들어올 수 있겠느냐?" 하면서 쫓아내 버렸습니다.

그러자 아난이 애걸복걸하며, "제가 어리석어서 언어문자에만 집착하여 마음의 근본을 깨치지 못하였습니다. 부처님께서 떠나실 때 '이제 누굴 의지하여 공부해야 하겠습니까?'라고 여쭈니, 부처님께서 '나의 대법(大法)을 가섭에게 전했으니 너는 내가 떠난 뒤 가섭을 의지해서 대법을 성취하라.'고 말씀하셨는데 이제 사형(師兄)이 나를 쫓아내시면 나는 누굴 의지해서 대법(大法)을 성취할 수 있겠습니까?" 하고 울면서 간절히 용서해 달라고 빌었습니다.

그래도 가섭존자는 "너는 지혜 총명으로 몹쓸 병이 든 여우새끼이니 이 사자굴에는 살 수 없다. 부처님 법문을 결집하는 이 회상(會上)에 꼭 참석하려면 깨쳐서 오너라." 하고 기어이 쫓아내

버렸습니다. 그렇게 쫓겨났으나 아는 것이 많으니 신도들이 와서 예배하고 큰스님이라고 받드니, 쫓겨난 것도 다 잊어버리고 마른 지혜로써 다시 대중들 앞에서 법문을 했습니다.

 그때 또 다른 부처님 제자인 밧지[跋耆] 비구가 조용한 처소에서 공부만 하고 있었습니다. 아난존자가 와서 법문한다고 하니 사람들이 구름같이 모여들어 번잡해져 도저히 공부를 할 수 없어 아난에게 다음과 같이 타일렀습니다.

 고요한 나무 밑에 앉아
 마음은 열반에 들어
 참선하고 게으르지 말라.
 말 많아 무슨 소용 있는가.

 그제서야 아난존자가 정신이 번쩍 들어 '아! 큰일났구나. 가섭존자에게 쫓겨나 여기 와 있는 신세인데 이 무슨 쓸데없는 짓을 하고 있는가.' 하고 크게 반성하고는 그때부터 부처님이 생전에 그렇게 부탁해도 하지 않던 선정을 열심히 닦기 시작했습니다. 얼마나 선정을 익혔는지 그 기간은 기록이 없어 자세히 알 수 없으나, 앉으나 서나 밤낮으로 침식을 잊고 열심히 용맹정진을 했습니다. 그러던 중 어느 날 저녁 너무나 피곤하여 좀 누워야겠다고 생각하고 목침을 베려는 순간에 확철히 마음을 깨쳤습니다. 다시 가섭존자를 찾아가 인가(印可)를 받고 부처님 법문을 결집하는 일에 참여하게 되었습니다. 그래서 '여시아문(如是我聞)', 즉 "내가 이렇게 들었노라"로 시작되는 경전들이 편찬된 것입니다.

불교 역사상 부처님 법문을 모은 경전은, 물론 그 뒤에 성립된 것도 많이 있지만, 대개는 아난존자가 구술하여 이루어진 것이라고 보고 있습니다. 아난존자같이 부처님 법문을 잘 기억해 아는 사람은 그 누구도 없지만 깨치지 못했기 때문에 같은 부처님 제자이면서도 가섭존자에게 쫓겨나는 수모를 당하였으니 이는 곧 불교의 생명이 언어와 문자를 기억하는 총명에 있지 않고 마음을 깨치는 데 있음을 더욱 분명히 하고 있는 사실(史實)입니다. 부처님의 가르침을 따르는 사람들은 언제든지 이 근본 생명을 잊어버리지 말아야 합니다. 생명 없는 사람은 송장입니다. 그러니 송장 불교가 아닌 살아 있는 불교가 되기 위해서는 반드시 마음으로 부처님 진리를 깨쳐야 하는 것입니다.

내가 항상 말하는 것인데 팔만대장경 속에서 불법을 찾으려고 하는 것은 얼음 속에서 불을 찾는 것과 같습니다. 그것은 팔만대장경에 무슨 잘못이 있어 그런 것이 아니고 그 언어문자에 집착되어 그러한 언어문자가 전부인 것처럼 생각하는 사람들에게 죄가 있을 뿐임을 분명히 알아야 합니다.

흔히 스님들이나 불교인들이 "선, 선, 하는데 부처님 당시에도 참선을 시켰나? 선이라는 것은 불교 역사상 후대에 발달한 것이 아닌가?" 하고 주장하는 사람들을 보게 됩니다. 그러나 그것은 천만부당한 말입니다. 왜냐하면 부처님 시대와 가까운 때의 경전으로 인정받는 팔리어 경전을 보면 부처님은 공부하는 길로 선을 주장하셨기 때문입니다.

부처님께서 늘 하신 말씀은 "공부는 좌선(坐禪)을 하라. 좌선을 하다가 피로하거든 행선(行禪), 즉 경행(經行)*을 하라. 행선을 하든지 좌선을 하든지 선을 해야지 선을 하지 않고서는 성불하는 길이 멀다."는 것이었습니다. 부처님께서도 불교의 근본 수행으로 선을 가르치셨다는 사실이 경전에 자세하게 기록되어 있습니다.

너희 비구들아, 낮 동안에는 경행(經行)과 좌선(坐禪)에 의하여 모든 번뇌법으로부터 마음을 청정케 하라. 밤의 초분(初分)에는 경행(經行)과 좌선(坐禪)에 의하여 … 밤의 중분(中分)에는 우측 옆구리를 땅에 대어 사자와 같이 누워서 모든 번뇌법으로부터 마음을 청정케 하라. 밤의 후분(後分)에는 일어나서 경행(經行)과 좌선(坐禪)에 의하여 모든 번뇌법으로부터 마음을 청정케 하라. - 『중부경전』

깨치는 길로 나아가기 위해서 어떻게 공부를 하느냐 하면, 낮에는 경행(經行)과 좌선(坐禪)의 두 가지 방법에 의지해서 모든 장애법, 즉 객진번뇌(客塵煩惱)*를 털어 버리고 본래 자성이 청정함을 깨치라는 말씀입니다. 이 말씀은 부처님께서 늘 하시는 말씀으로서 한두 군데 이런 말씀이 있는 것이 아니라 초기경전 곳곳에 나오는 말씀입니다. 우리가 깨치는 근본 방법은 경행과 좌선이니 이것에 의지하여 공부해야 한다고 누누이 말씀하시고 있습니다.

따라서 선수행이 후대에 발달한 것이라고 보는 것은 불교를 상식적으로도 잘 모르는 사람이라고 봐야 합니다. 부처님 당시에도 마음을 깨치는 방법으로 경행과 좌선만을 가르치시고 다른 방법이 없었으니 우리들도 오직 참선을 해야 할 것입니다.

혹 경행(經行)을 한다고 하니 전국을 돌아다니며 6바라밀행을 닦는 만행(卍行)*으로 오해할 수도 있는데 본래는 그러한 뜻을 담고 있는 것이 아닙니다. 중국에 와서도 그렇게 해석하지 않고 초기경전에서도 그렇게 해석하지 않았습니다. 아난이 진실로 자기 허물을 뉘우치고 혼자서 열심히 공부를 했다고 했는데 그 공부 역시 좌선과 경행이었다고 되어 있습니다.

경행(經行)이란 서서 다니면서 선정을 익히는 것이고 좌선(坐禪)이란 앉아서 선정을 익히는 것입니다. 그런데 경행이 만행하며 6

바라밀행을 닦는 것이라고 한다면 아난이 충격을 받아 혼자 가서 공부하여 깨닫고 왔다고 하는 것과는 완전히 모순이 되어 버립니다. 이미 아난이 비야리성에서 설법한 일 자체가 6바라밀의 하나라고 볼 수 있기 때문입니다. 하지만 아난이 실제로 깨달은 것은 밧지 비구의 충고 다음으로 이어진 참선수행이었습니다. 그러니 절대로 경행을 그렇게 해석할 수 없는 것입니다.

이 경행이란 한마디로 행선(行禪)입니다. 가만히 앉아 있으면 마음이 자꾸 가라앉거나 어지러워지기 마련이므로 이런 일이 생기면 일어나 돌아다니게 합니다. 돌아다니다 앉았다, 앉았다 돌아다니다, 이렇게 참선을 하는 것을 근본 방침으로 해서, 부처님께서 깨치는 길의 요체로 삼아 실천케 하신 것입니다.

초저녁과 한밤중과 새벽에도 경행과 좌선을 하여야 한다고 부처님께서는 말씀하셨습니다. 객진번뇌를 완전히 제거하여 티끌을 멀리하고 더러움을 벗어나 자성청정한 본성을 바로 깨치려면 참선이 제일 근본이라는 말씀입니다. 내가 선승(禪僧)이라고 해서 이렇게 주장하는 것이 아니라 불교의 근본 방법이 이렇다는 말입니다.

해탈하는 방법으로 근본 불교에서 제시된 것으로는 좌선과 경행이 근본이 되어 있지, 다른 방법이 없습니다. 왜냐하면 중생이 성불해서 영원한 해탈을 얻는 방법 중에는 이것이 최고의 방법이기 때문에 부처님께서는 이 방법만으로 중생을 가르쳤습니다. 그러므로 우리가 불교를 믿는 근본 목적이 성불해서 일체 중생을 제도시킨다는 것에 있으니 성불하려면 선을 근본으로 하지 않고는 바른 길이 따로 있을 수 없습니다. 경전 말씀을 또 인용하겠습니다.

> 비구로서 악욕(惡欲) 때문에 악에 핍박되어 진실이 아닌 선·해탈·삼매·깨달음을 말하는 사람은 사문이 아니며 부처님 자손이 아니니라. - 「율장」

부처님께서 근본 계율을 제정하실 때에 살생하지 말라, 음행하지 말라, 도적질하지 말라, 거짓말하지 말라고 하시며 이 네 가지 죄를 저지르면 영원히 불법(佛法) 가운데 머물 수 없고 쫓아내야 한다고 하셨습니다. 이것을 4바라이* 죄라고 합니다. 바라이죄 중에 거짓말을 하지 말라 하신 것은 진리를 얻었다고 거짓말을 하는 것을 말합니다.

진리를 얻었다는 것은 선·해탈·삼매·깨달음 등을 얻었다는 말인데, 뒤에 있는 것은 주석적인 것들이고 근본은 맨 앞의 선입니다. 참선을 성취해서 견성했다고 거짓말을 한다는 말입니다. 견성을 하지 못한 사람이 그렇게 말하는 것은 바라이죄를 범하는 사람이므로 절대로 우리 불법 가운데 같이 살 수 없다는 것입니다. 왜 허다한 거짓말 가운데 특별히 선을 들었느냐 하면 이 선(禪)이 바로 우리 불교의 근본이 되기 때문입니다.

진실로 성불하려고 하면 참선의 방법이 아니고서는 성불할 수 없는 것이어서 누구든지 선을 해야 하는데, 성불하는 근본인 선에 대해서 조금이라도 허위나 거짓이 있다면 이것은 영원히 성불할 수 없는 사람이기 때문에 불법 가운데 살게 할 수 없는 것입니다.

근본불교에서도 공부하는 근본 방법이 선이기 때문에 선을 근본으로 해서 공부를 했고 여기에서 모든 교리가 조직되어 있는 것입니다. 참선을 떠나서는 절대로 깨달음의 근본 방법이 설 수 없습니다.

② 참선의 방법

참다운 고요함에 이르기 위하여

그러면 참선을 어떻게 해야 하는지 구체적인 방법을 이야기해 보겠습니다.

이[齒]와 이[齒]를 맞닿게 하고 혀로 입천장을 누르고 마음으로 마음을 제복(制伏)한 사람에게는 선하지 못하고 악한 탐(貪)·진(嗔)·치(痴)의 생각이 사라지느니라. 이 삼독이 사라짐으로써 내심(內心)이 안립정지(安立靜止)하여 일심(一心)을 성취하여 등지(等持)를 얻느니라. - 「중부경전」

아랫니와 윗니를 마주 닿게 하여 입을 지그시 다물고, 혀는 입천장을 자연스럽게 눌러서 결가부좌하여 편안히 앉는 자세는 뒤에 중국에서 발달된 좌선의 방법이 아니라 근본불교에서 부처님이 가르치신 방법이 그대로 내려온 것입니다.

공부를 하려면 처음 앉는 자세부터 입을 다물고 단정히 하여 마음을 돈독히 해야 한다는 말입니다. 입을 헤 벌리고 앉아서는 마음조차 돈독하지 못하여 자꾸 마음만 산란해지고 공부가 되질 않습니다. 그러므로 입을 다물고 자세를 바로 하여 참선하면 마음으로 마음을 제복하여 모든 객진번뇌가 다 없어지게 되는 것입니다. 그렇게 되면 악하고 나쁜 탐·진·치의 삼독이 소멸하여 내심(內心)이 편안하고 고요하여 일심(一心)을 성취하여 삼매에 들어가 정(定)과 혜(慧)를 고루 갖춘 경계를 얻게 된다는 것입니다.

우리 마음이 복잡하고 번뇌망상이 왔다갔다하는 것은 탐진치 3독 때문입니다. 이 3독의 뿌리는 제8아뢰야식˚의 근본무명에 있는 것이기 때문에 이 근본까지 다 끊어 버려야 합니다. 그렇게 되면 일체의 객진번뇌가 완전히 끊어져 일체지(一切智)˚가 나타나 대적광(大寂光)의 일심삼매(一心三昧)를 성취하게 됩니다. 본래 청정한 진여본성을 깨쳐 놓고 보면 모든 것이 다 고요한 속에서 무한한 지혜의 빛이 비치고, 무한한 지혜의 빛이 있는 가운데 항상 고요한 법입니다. 이것을 적조(寂照)라고 합니다. 참다운 적조는 부처님 지위에 올라가야 알 수 있는 것이지, 등각(等覺)˚이나 묘각(妙覺)*의 자리에서도 알 수 있는 것이 아닙니다.

공부하는 사람이라면 누구든지 부처님께서 말씀하시는 것과 같이 몸의 자세를 바로 잡고 참선을 부지런히 하면 자연히 모든 것이 쉬어 버려서 진여*를 안 깨치려야 안 깨칠 수 없습니다. 부처님의 근본 방법이 무엇인가 하는 것을 여기에서 한 번 더 확인할 수 있을 것입니다.

> 마음을 잘 집중하여
> 정념(正念)으로써 선정에 드는 사람은
> 모기 근심 없는 큰 숲의 짐승과 같이
> 평안(平安)하게 갈 것이니라.
> 방일(放逸)하지 않고 쟁뇌(諍惱)를 떠나
> 선정에 드는 사람은
> 그물을 찢은 고기와 같이
> 평안(平安)하게 갈 것이니라. - 「상응부경전」

마음을 아주 오묘하게 집중하여 바른 생각으로 선정에 들어야 한다는 가르침입니다. 그렇게 선정에 들어가면 또 나와야 하지 않겠는가 하고 생각하기 쉬운데 참으로 바른 생각을 얻으면 나오고 들어가는 것이 없습니다. 그래서 누구든지 밥 얘기만 할 것이 아니라 밥을 먹는 사람, 즉 참선을 실천하는 사람이 되어야 할 것입니다. 그렇게 하면 모기가 없는 큰 수풀 속에 사는 짐승과 같이, 또 그물에 걸린 고기가 그물을 찢어 벗어난 것 같이 평안할 것이라는 말씀입니다.

> 모든 부처님께서는 숲 속이나 나무가 많은 곳처럼 혼자 세상과 떨어져 있는 곳에 머무는 것을 좋아하고 즐거워 하여 적정(寂靜)하고 청한(淸閑)하여 선삼매(禪三昧)에 적합한 처소를 택하여 머무시는데 내가 지금 그런 것과 같으니라. - 「장부경전」

3세의 모든 부처님들이 숲 속에 계시며 공부에 방해되지 않도록 고요하고 청한하여 선삼매(禪三昧)에 적합한 장소를 선택하여 머무신 것이 부처님께서 지금 하고 있는 것과 같다는 말씀입니다. 여럿이 함께 있으면 자꾸 분주하여 공부가 방해되므로 시끄러운 세상을 떠나 고요한 숲 속으로 들어가 선삼매 들기에 적당한 곳을 찾아가야 한다는 말씀입니다.

부처님도 그러한데 하물며 부처 되려는 사람은 더 말할 것이 있겠습니까? 성불하려는 사람이면 될 수 있는 한 분주한 곳을 피해서 조용한 곳을 선택하여 공부하여야 합니다.

이렇게 얘기하면 처소는 반드시 조용한 곳으로만 찾아야 되는 것이 아닌가 하는 큰 병이 생깁니다. 조용한 곳을 찾는 목적은 선삼매를 익히는 데 좀 편리한 장소를 취하는 것이지 조용한 처소 그 자체가 목적은 아닙니다. 잘못하면 자꾸 조용한 곳만 찾고 시끄러운 데는 피하게 되는데 이것이 병이 되어 신경질만 늘고 인간적으로 폐인이 되는 병적인 사람이 되는 경우가 많이 있습니다. 부처님이 공부를 잘 시키기 위해서 방편으로 말씀하신 것인데 고적(孤寂)한 곳만 집착해서는 안 됩니다. 그래서 옛날 조사스님들은 이런 말씀을 하셨습니다.

> 고요한 처소에서 공부하는 것보다 아주 시끄러운 곳에서 공부가 잘 되도록 노력하는 사람은, 조용한 곳에서 공부하는 사람보다 백천만 배나 효과가 더 크다.

보통 사람은 조용한 곳에서도 공부가 잘 안 되는데 시끄러운 데서는 더 말할 나위도 없습니다. 그래서 자꾸 조용하고 조용한 곳만 찾아가는 선객들이 있는데 그렇게만 공부하면 인간적으로도 못 쓰게 되어 버립니다. 그런 것을 고적병(孤寂病)이라고 하는데 거기에 떨어지면 공부 성취는 고사하고 사람까지 버리게 됩니다. 이렇게 내가 말하는 것은 부처님 근본법이 나쁘다는 것이 아니라 여러분들이 공부하는 데 모든 장애를 없애고 공부를 열심히 할 수 있는 환경을 스스로 만들라는 뜻으로 하는 것입니다.

그래서 예전 스님들은 고적병을 염려해서 분주한 곳에 있으면서도 화두˚를 익히라고 하셨습니다. 분주한 곳에서는 처음에야 물론 공부가 잘 안 되는 것 같지만 자꾸자꾸 공부를 익혀나가면 분주한 곳에서도 공부가 아주 잘되는 경지에 이릅니다. 그런 동시에 환경이 분주하니 고요하니 하는 생각이 없어져 버리고 언제든지 고요한 곳이 됩니다.

그러므로 누구든지 자기 마음을 쉬어 버리면 아주 시끄러운 장터 가운데 있어도 깊은 산중에 있는 것과 같이 고요하게 되고, 아무리 깊은 산중에서 혼자 토굴을 짓거나 땅굴을 파고 들어 앉아 있다 하더라도 마음을 쉬지 못하면 시끄러운 장터에 앉아 있는 것보다 못한 것입니다. 왜냐하면 산 속에 있어도 자꾸 이런 생각 저런 생각의 번뇌망상이 일어나기 때문입니다. 결국 참다운 고요한 곳이란 자기 마음을 쉬는 데 있습니다. 즉 발심(發心)하는 데 있다는 말입니다. 근원적으로 마음을 쉬어야 하는 것이지 환경과 처소로써 고요한 곳을 찾다가는 영원히 공부를 하지 못하고 맙니다.

육조(六祖, 638~713)˚스님의 예를 들면, 부처님은 언제든지 참선법을 말씀하셨는데 육조스님은 누구든지 앉아서 참선하는 것만 보시면 몽둥이로 때려 쫓아 버렸습니다. 왜 그렇게 하느냐 하면 부처님께서 자꾸 좌선을 해라, 좌선을 해라, 하시는 것도 중생을 제도하기 위한 방편이고, 그때는 주로 그런 방법을 많이 써야 했지만, 그 뒤에 보니 좌선하는 데만 많이 집착하게 되어 도리어 역효과를 나타내게 되었기 때문입니다. 아무리 좋은 약이라도 너무 많이 먹으면 병이 되어 버립니다. 그러므로 너무 좌선에만 집착해도 안 되기 때문에 육조스님은 누구든지 앉아서 공부하는 사람이 있으면, "이놈, 뭣 하느냐! 여기에 그냥 앉아 있는 것이 공부 같으면 벌써 성불 다 했겠다."고 하시며 몽둥이로 두들겨 팼습니다.

내가 이렇게 말하는 것은 앉아 있지 말라고 하는 것이 아닙니다. 앉든지 서든지 속으로 공부를 잘 해야지, 앉는 데 집착하고 서는 데 집착하고 조용한 곳에 집착하면 공부가 아니라 병이 된다는 말입니다.

육조스님의 제자인 남악회양(南嶽懷讓, 677~744)*선사 이야기를 하겠습니다. 하루는 보니, 체격도 좋고 잘 생긴 사람이 좌선을 부지런히 하고 있는데, 옆에 다가가서 어른거려도 꼼짝도 하지 않는 것입니다. 그래서 회양선사가 그 옆에 가서 기왓장을 돌에다 갈기 시작했습니다. 그러자 자기는 공부한다고 열심히 앉아 있는데 웬 늙은이가 와서 자기 앞에서 기왓장을 북북 갈고 있으니 신경질도 나고 이상도 해서 물었습니다.

"스님! 그 기왓장은 갈아서 무엇 하시려고 하십니까?"

"아, 기왓장을 갈아 거울을 만들려고 하느니라."

"기왓장을 갈아서 거울이 되겠습니까?"

"그래, 기왓장을 갈아 거울을 만들려는 나도 참 미치기는 미쳤지만, 너는 나보다 더 미쳤다. 앉아만 있으면 부처가 되고 성불하느냐?"

이렇게 회양선사에게 경책받은 이가 바로 마조(馬祖, 709~788)* 스님입니다. 앉아만 있는 폐단을 부수기 위해서 회양선사가 방편을 쓰신 것입니다.

"앉아만 있다고 해서 견성이 되는 것인가?"

이 한마디에 마조스님이 확철히 깨쳐서 육조스님의 정법을 이은 대선지식이 되었습니다.

공부하는 데는 집착병, 이것이 큰 문제입니다. 경행하라 한다고 경행만 집착하면 이것도 병이 되고, 좌선하라 한다고 좌선만 한다면 이것도 병이 되고, 조용한 곳에서 공부하란다고 조용한 곳만 집착하면 이것도 병이 되고, 시끄러운 곳에서 공부하란다고 시끄러운 곳만 집착하면 이것도 병이 됩니다. 설사 부처가 되었다 하더라도 부처에 집착하면 이것도 병입니다. 부처라는 것도 사실은 중생의 병을 고치는 약이어서 억지로 부처다, 부처다 하는 것인데 만약 거기에 조금이라도 집착하게 되면 그것도 큰 병이 되는 것입니다.

그러면 어떻게 해야 되겠습니까? 앉지도 말고 서지도 말고 엉거주춤하게 있으란 말일까요?

물론 그렇게 하라는 말이 아닙니다. 무슨 공부를 하든지 마음을 다잡는 일만 열심히 할 뿐, 앉고 서고 하는 데 너무 집착하지 말라는 것입니다. 집착심을 떠나서 공부를 하면 아무리 앉았다 해도 앉은 것이 아니요, 아무리 서 있다 해도 서 있는 것이 아니니 그것이 참 공부라 할 수 있습니다.

부처님께서 참선을 많이 주장하셨기 때문에 혹 여기에 너무 집착하는 생각을 낼까 싶어서 나의 쓸데없는 노파심에서 하는 말입니다.

③ 무엇보다 화두!

— 화두 참구법

공부할 때 피해야 할 세 가지

 그러면 화두 공부를 어떻게 해야 하는가?
먼저 공부하는 데 가장 방해되는 것 세 가지가 있습니다. 이 세 가지를 피해서 화두 공부하는 기초로 삼아야 합니다.
 첫째는 돈입니다. 공부하는 사람 눈에 돈이 보이면 공부는 그만입니다. 세상이 시끄럽고 어려운 일을 겪는 것도 그 근본을 따지고 보면 전부 돈 때문입니다. 참으로 돈을 독사보다 무서워 하고 비상(砒霜)보다 겁을 내야 합니다. 돈에 끄달리지 않고 돈을 멀리하고 초탈한 그런 사람이면 대도(大道)를 성취하지 않으려야 않을 수 없습니다.
 그런데 현실은 돈만 보면 모두 거꾸러지고, 돈만 보면 모두 미쳐 버립니다. '황금흑리심(黃金黑吏心, 5언시로 이루어진 『추구推句』에 나오는 구절)'이라는 옛말도 있습니다. 누런 황금이 관리의 마음을 검게 한다는 말입니다. 요즈음 내가 보기에는 '황금살승심(黃金殺僧心)', 곧 돈이 수도자의 마음을 다 죽인다고 하는 말이 맞을 것 같습니다. 그러니 무엇보다도 이 돈에 대해 철저하게 끄달리지 않는다면 공부할 기본이 좀 있다고 하겠습니다.

둘째는 이성입니다. 남자에 대해서는 여자이고, 여자에 대해서는 남자입니다. 대대로 도를 성취하려면 이성을 가깝게 하지 말라고 말해 왔습니다. 부처님께서도 일찍이 이렇게 말씀하셨습니다.

> 여자 같은 장애물이 두 가지만 되어도 성불할 사람 아무도 없다.

어떤 사람은 이렇게 말합니다.
"그건 본능이야, 본능! 배고픈데 밥 안 먹고 살 수 있어?"
하지만 본능이라도 다릅니다. 밥 안 먹고는 살지 못하지만 이성은 없어도 얼마든지 살 수 있습니다. 도를 성취하려면 반드시 이성을 멀리해야지, 그러지 않으면 성취하지 못한다는 말입니다. 수행자라면 전혀 이성을 생각하면 안 될 일이고 재가자라면 배우자 이외에는 생각도 말아야 합니다. 재가자라도 기도 기간이나 큰 마음을 내어 공부에 전념할 때는 이성을 멀리해야 할 것입니다.

마지막 한 가지는 명예입니다. 바로 이름병입니다.

이것은 단수가 높습니다. 돈도 필요 없다, 여자도 내 앞에서는 어른거리지 못한다고 큰소리치지만, 그 사람의 내부 심리를 현미경이나 엑스레이 기계로 들여다보면, "내가 이토록 참으로 장한 사람이니 나는 큰스님이고 도인이다." 하는 이름을 내기 위해서 그런 행동을 하고 생활을 하는 경우가 있습니다. 병 가운데서도 재물병과 여자병, 이 두 가지보다도 더 무서운 것이 바로 이름병입니다.

계행이 청정하여 돈도 필요 없다, 여자도 감히 어른거리지 못한다고 하면 천하 제일의 큰스님이 되는 것 아니겠습니까? 그렇지만 "큰스님, 큰스님" 하면서 앞에 와서 자꾸 절을 하면 그만 사리분별이 없어집니다. 여자와 재물은 벗어나도 대접받는 일에서는 벗어나기 참 힘든 법입니다.

실제로 재물병과 여자병은 결심만 단단히 하면 벗어날 수 있습니다. 이런 병에 걸리면 주위에서 남들이 욕이라도 하지만, 이름병에 걸리면 남들이 더 칭찬해 주니, 그럴수록 이름병은 참으로 고치기 어려운 것입니다. 책을 좀 보아서 말주변이나 늘고 또 참선이라도 좀 해서 법문이라도 하게 되면 그만 거기에 빠져 버리는데, 이것도 일종의 명예병입니다. 이리하여 평생 잘못된 생활이 굳어 버립니다. 자기만이 아니라 남도 그렇게 만들어 버립니다. 그러다 보면 큰스님 소리 듣고 대접받는 데 정신 없다가, 마침내는 부처님이 성취하신 것과 같은 참다운 그런 대자유를 성취하지 못하는 것입니다. 그래서 옛날 스님들이 재물병이나 여자병보다도 명예병이 더 무섭고 고치기 어렵다고 하였습니다.

이러니 우리가 서로서로 반성하여 이 세 가지를 완전히 벗어나서 참으로 출격 대장부가 되어 크게 자유자재한 해탈도를 성취하여야 하겠습니다.

수좌 5계

화두 공부하는 사람이 지켜야 할 5계가 있습니다. 흔히 공부하는 스님들이 와서 공부가 잘 되지 않는다고 하면 공부하는 데 5계를 한번 지켜보라고 말해줍니다.

첫째, 잠을 적게 자야 합니다.

세 시간 이상 더 자면 그건 수도인이 아닙니다. 세속에서는 서울대학에 가려면 네 시간 이상 자지 않는다고 해서 사당오락(四當五落), 즉 네 시간 자면 합격이고 다섯 시간 자면 떨어진다고 해서 네 시간 이상 자지 않는다고 하는데, 하물며 선불장(選佛場), 즉 부처님을 뽑는 선방에서 네 시간 이상 자서야 되겠습니까? 가장 수승한 것은 장좌불와(長坐不臥)겠지만, 사람마다 근기가 달라

일률적으로 강요할 수 없기 때문에 차선으로 잠을 적게 자라고 말합니다.

둘째, 말하지 말아야 합니다.

이것은 묵언(默言)을 하라는 말입니다. 말할 때는 화두가 없어지는 법이니 좋은 말이든 궂은 말이든 남과 말하지 말아야 합니다. 공부하는 사람끼리는 싸움한 사람같이 하라고 합니다. 무슨 말이든 하지 말라는 뜻입니다. 사람들이 모이면 이런저런 시시콜콜한 얘기로 시작해서 음담패설을 지나 끝내는 남의 허물을 들먹이며 입을 아프게 하는데, 그것만큼 실없는 일이 없습니다. 시간은 금세 가기 마련이므로 그런 일에 시간을 허비하면 공덕은 없이 구업(口業)만 짓는 것이므로 선방에서 정진할 때에는 일절 남의 허물을 보지 않고 내 허물만 보고 살아야 조금은 수좌의 본분에 가까운 생활을 할 수 있습니다.

셋째, 문자(文字)를 보지 말아야 합니다.

부처님 경(經)도 보지 말고 조사어록도 보지 말고, 신문 잡지는 말할 것도 없습니다. 참으로 참선하여 자기를 복구시키면, 이 자아라는 것은 팔만대장경을 다 동원해도 설명할 수 없고 소개할 수 없는 것입니다. 세속적인 어떤 문장이나 부처님이라도 다 설명할 수 없습니다. 자아를 완전히 깨치려면 불법도 버려야 합니다. 불교를 앞세우면 그것이 또 장애가 되기 때문입니다. 참으로 깨끗한 자아에 비춰 보면 이런 것들이 모두 먼지이고 때라는 말입니다. 오직 화두만 해야 합니다. 내가 자꾸 문자를 보지 말라고 하니 아예 불교는 하나도 모르면서 화두로 바로 뛰어드는 사람도 있는 모양인데, 문자를 보지 말라는 것은 화두 공부할 때 이야기입니다. 일단 기본적인 불교 소양을 갖추고 화두 공부에 뛰어들면, 그런 다음에는 절대로 문자를 보아서는 안 된다는 말입니다.

넷째, 과식하지 말고 간식하지 말아야 합니다.

음식은 건강유지만 될 정도만 먹지, 과식하면 잠이 자꾸 오고 마음이 가라앉아서 안 됩니다. 소식(小食)이 건강에도 좋고 장수비결입니다. 세 끼니 외에는 간식하지 말라는 뜻도 되지만 원칙적으로 적게 먹으라는 것입니다. 간식은 말할 것도 없고 세 끼니를 학(鶴)처럼 먹어야 합니다. 학이나 거북이처럼 장수하는 동물로 알려진 짐승도 자기 위의 10분의 7을 넘지 않는다고 합니다. 하물며 사람이 짐승보다 못해서 배터지게 먹고 위장을 상하고 건강을 망치게 해서야 되겠습니까? 기본적으로 음식에 대한 요구를 자제하는 것이 수행의 기본입니다.

내가 젊은 시절에는 생식(生食)을 하기도 했습니다. 쌀가루와 한 가지 채소로 10여 년 생식을 하였지만 건강에 지장이 생겨, 이후로는 소식(小食)과 무염식(無鹽食)으로 일관하였습니다. 수행하는 사람은 최저의 생활로 최고의 노력을 해야 하는 법입니다.

다섯째, 돌아다니지 말아야 합니다.

해제(解制)*하면 모두들 제트기같이 달아나는데, 그러면 안 됩니다. 더욱이 안거 중에 돌아다니는 것은 어머니 뱃속에서 열 달도 되기 전에 배 째고 나온 것과 같습니다. 선빙 수좌의 행동 반경은 좌복 위여야만 합니다. 산천 유람삼아 돌아다니는 행동은 정진에 아무 도움이 되지 않습니다. 어느 곳에 있는 선방의 좌청룡 우백호가 어떻다든가, 어느 토굴이 명당이어서 그곳에 가서 정진만 하면 도가 트인다는 둥 터에 집착하지 말라는 말입니다. 배울 만한 선지식이 있으면 그곳이 명당일 뿐 다른 곳이 명당이 아니니 좋은 선지식을 찾아 열심히 정진해야 합니다.

이 5계를 못 지키면, 그런 사람은 공부 안 하는 사람입니다. 화두 할 자격도 없습니다. 5계를 지키며 이렇게 10년을 공부하면 성불할 수 있습니다. 이 5계를 수백 명에게도 더 일러주었는데, 그대로 지키는 사람은 아직 못 봤습니다. 물론 숨어서 하는 사람도 있겠지만 공부 열심히 하는 사람이 없는 것 같은 생각이 듭니다. 일단 화두 공부하겠다는 결심이 섰으면 이 5계를 철칙으로 삼아야 합니다.

화두 참구의 두 가지 원칙

　　　　　　　화두는 우리 공부하는 수좌들의 생명입니다. 참선하는 사람은 많이 봤으나 화두를 제대로 들고 있는지는 한 번 되돌아볼 일입니다.

참선하는 사람 중에 어떤 사람이 있는가 하면 배우지도 않고 자기 마음대로 화두를 만들어 하는 사람이 있습니다.

"요새 뭐 선지식이 있기나 하나? 예전 조사스님들이 제일이지. 책 보고 하는 것이 제일이야."

이러면서 예전 조사스님 어록이니 책이니 하며, 권위가 서 있을 것이라는 생각에 책을 의지해서 하는 사람이 많습니다. 그러면서도 책을 의지해서 화두를 정한 것이지, 책을 의지한 것은 아니라고 말합니다. 책을 보다가 뭔가 의심이 났다든지 그러면 그것을 화두로 만들어서 하는 사람이 더러 있는데 화두라는 것은 반드시 스승에게 배워서 해야지, 맘대로 책을 보고 한다든지 뭘 보고 생각한다든지 해서는 절대로 안 되는 것입니다. 맘대로 하다가 잘 안 되는 때기 오면 병이 나는 수가 있습니다. 어떤 사람은 큰 병이 나기도 합니다. 그래서 첫째는, 화두는 스승에게서 배워서 해야지 맘대로 선택하면 안 됩니다.

　화두를 배우면 그 화두를 그대로 오래 계속해야 될 텐데 이 화두 하다가 좀 안 되면 저 화두 좀 배워서 저 화두하고 하는 사람이 있는데 그것도 안 됩니다. 하나 하다가 잘 안 되니까 또 하나 더 배워서 하면 잘 될까 싶어서 배워 해보지만, 해보면 처음에는 잘 되는 것 같은데 나중에는 헛일입니다. 또 어떤 사람은 화두를 몇 가지 배워 이것 조금 해보다 저것 조금 해보다 그러는데 그러면 죽도 밥도 아닌 아무것도 안 되는 것입니다. 그러니 둘째는, 하나를 배우면 그대로 계속해야지 이리저리 화두를 변경시키지 말아야 합니다.

화두를 올바르게 참구하는 법

화두는 글자 자체에 뜻이 있는 것이 아니니 글자에만 빠져서는 안 됩니다. 화두는 암호밀령(暗號密令)이므로 글자 너머에 있는 뜻을 알아야 합니다.

선종에서 유명한 화두 100칙에 송(頌)을 붙인 운문종의 설두(雪竇, 980~1052)*스님이 공부하러 다닐 때 어느 절에서 한 도반(道伴)과 '정전백수자(庭前栢樹子)*', 즉 '뜰 앞의 잣나무' 화두에 대해 이야기하고 있었습니다. 한참 이야기하다가 문득 보니 심부름하는 행자(行者)가 빙긋이 웃고 있었습니다. 손님이 간 후에 불렀습니다.

"이놈아, 스님들 법담하는데 왜 웃어?"

"허허, 눈멀었습니다. 정전백수자는 그런 것이 아니니, 제 말을 들어보십시오."

그러고는 이런 게송을 읊었습니다.

> 흰 토끼가 몸을 비켜 옛 길을 가니
> 눈 푸른 매가 언뜻 보고 토끼를 낚아 가네.
> 뒤쫓아 온 사냥개는 이것을 모르고
> 공연히 나무만 안고 빙빙 도는도다.

'뜰 앞의 잣나무'라 할 때 그 뜻은 비유하자면 '토끼'에 있지 잣나무에 있는 것이 아닙니다. 그래서 마음 눈 뜬 매는 토끼를 잡아가 버리고 멍텅구리 개는 '잣나무'라고 하니 나무만 안고 빙빙 돌고 있다는 것입니다. 나무 밑에 가서 천년 만년 돌아 봐야 그 뜻은 모르는 것입니다. 이것이 바로 조금 전에 말했듯이 '화두는 암호다' 하는 것입니다. 그러므로 함부로 생각나는 대로 이리저리 해석할 수 없는 것임을 짐작할 수 있을 것입니다.

화두에 대해 또 좋은 법문이 있습니다. 불감혜근(佛鑑慧懃, 1059~1117)*스님의 법문입니다.

> 오색비단 구름 위에 신선이 나타나서

손에 든 빨간 부채로 얼굴을 가리었다.
누구나 빨리 신선의 얼굴을 볼 것이요
신선의 손에 든 부채는 보지 말아라.

  신선이 나타나기는 나타났는데 빨간 부채로 낯을 가렸습니다. 신선을 보기는 봐야겠는데, 낯 가리는 부채를 봤다고 신선을 보았다고 말할 수 있겠습니까?
  화두에 대해서는 모든 법문이 다 이렇습니다. '정전백수자'니 '삼 서 근*'이니 '조주무자(趙州無字)*'니 하는 것은 다 손에 든 부채입니다. 눈에 드러난 것은 부채일 뿐입니다. 부채 본 사람은 신선 본 사람이 아닙니다. 빨간 부채를 보고서 신선 보았다고 하면 그 말을 믿어서야 되겠습니까?
  '이뭐꼬*' 화두를 예로 들어 보겠습니다.
  대부분 '이뭐꼬' 화두를 든다고 하면 그저 "이것이 무엇인고, 이것이 무엇인고?" 이렇게 하는데, 이렇게만 생각하고 있으면, "이것이 무엇인고?" 하면서 가만히 들여다보고 앉아 있는 식이 되어 버립니다. 이러다 보면 한 곳에만 마음을 두고 그 고요함에 빠져 버리는 폐단이 생깁니다. 그래서 '이뭐꼬'라는 화두 자체가 경계가 되어 "내가 지금 들여다보고 있는 이것이 무엇인고?" 하는 병폐가 따라붙습니다.

또 어떤 경우가 있는가 하면 "보고 듣고 하는 이것이 무엇인고?" 하기도 하는데, 이러면 그저 보고 듣고 하는 경계를 따라서 "이것이 무엇이냐?" 하면서 마음이 산만해지는 병폐가 또 생깁니다.

그래서 '이뭣꼬'를 할 때는 이 병폐 저 병폐를 없애기 위해 예전 조사스님들은 이렇게 하라고 하셨습니다.

마음도 아니요, 물건도 아니요, 부처도 아닌 이것이 무엇인고?

"마음도 아니고 물건도 아니고 부처도 아니니, 그러면 이것이 무엇인고?"
이렇게 해야 들여다볼 수도 없고 경계에 따라서 이리저리 따라갈 수도 없게 되는 것입니다. 한 20년 '이뭣꼬' 화두하다가 포기하는 사람도 더러 봤습니다. 자꾸만 보고 듣고 하는 이것은 무엇인고, 하고 따라다니다 보니 마음이 산만해지고 결국 안 되는 것입니다.

"보고 듣고 하는 이것이 무엇이냐?" 하더라도 '이것'만 바로 알면 마음이나 물건이나 부처도 무엇인지 바로 알 수가 있는데, 방법을 제대로 알지 못해서 병폐를 얻는 수가 있습니다. 그래서 '이뭐꼬' 하다가 막히는 사람이 찾아오면 '이뭐꼬'를 아주 버리라고는 하지 않습니다. 병폐가 깊이 든 사람에게는 아예 버리라고 하고 완전히 다른 화두를 가르쳐 주지만, 화두 좀 들었다 싶은 사람에게는 "마음도 아니고 물건도 아니고 부처도 아닌 이것이 무엇이냐?" 그렇게 알려주면 좀 달라지곤 합니다.

'부모미생전 본래면목(父母未生前 本來面目)'＊ 화두도 그렇습니다. "부모한테 몸 받기 전에는 과연 내가 뭐였던가?"

그렇게 하는데 그냥 "뭐였던가?" 이러는 것보다 "부모한테 몸 받기 전에 어떤 것이 나의 본래면목인가?" 이렇게 해야 합니다. 예전 조사스님들이 말씀하시는 것을 보면 "어떤 것이 나의 본래면목인가[如何是 余本來面目]?" 이렇게 하셨습니다.

육조스님도 도명(道明)＊스님에게 이렇게 말씀하셨습니다.

> 선도 생각하지 말고 악도 생각하지 마라. 바로 이러한 때에 어떤 것이 너의 본래면목인가?

이때에도 '본래면목'을 묻는 것이 아니라 '여하시'를 출발점으로 삼습니다. '어떤 것이'를 묻는 것입니다. 내가 뭐였는가를 자꾸 생각하다 보면 소였는가, 개였는가 하는 그런 생각에 빠질 수가 있습니다. 그러므로 "뭐였던가?"에 집중하지 말고 "어떤 것이 나의 부모미생전 본래면목인가?" 하면서 '어떤 것'이라고 하는, 이 '여하시(如何是)'를 기억해야 합니다.

예전에 향엄(香嚴, ?~898)*스님이라는 분이 계셨는데 본래 백장(百丈, 749~814)*스님 제자였습니다. 백장스님 입적하시고 나서 같은 백장스님 제자인 위산(潙山, 771~853)*스님한테 가 있는데, 향엄스님의 총명함과 말 재주에 사람들의 칭송이 자자했습니다. 그런데 위산스님이 가만히 보니 아무것도 공부가 없는데도 그러고 있는 것이 보였습니다. 그래서 향엄스님을 불렀습니다.

"네가 총명이 제일이고 변재(辯才)가 제일이어서 천하제일인데, 내가 물으면 대답 못하는 게 뭐 있겠는가? 그래도 내가 한 가지 물을 테니 이걸 한번 대답해 봐라." 하고는 본래면목을 물었습니다.

"어떤 것이 너의 부모미생전 본래면목이냐?"

향엄스님이 다른 것은 다 물어도 대답을 했는데 이 질문에서는 대답을 하지 못하고 막혀 버렸습니다. 향엄스님이 이런 생각을 했습니다.

'위산스님이나 나나 사람은 똑같은데 위산스님은 큰스님 되어서 큰소리 탕탕 치니, 나는 이제 어디 가서 굶어 죽을지라도 다시는 선방 밥 안 먹고 어디 토굴에 들어 앉아 화두나 얼른 해서 공부를 성취해서 나오리라.'

그러고는 도망치듯 나와서 자기가 가지고 있는 책을 전부 다 찾아봤습니다. 아무리 찾아봐도 "어떤 것이 부모미생전 본래면목인가?"에 대한 답은 찾을 수가 없었습니다. 그래서 모두 불을 지르고는 남양 혜충(慧忠, ?~775)* 국사가 계시던 유적지에 갔습니다. 혜충 국사는 40년 동안이나 산중에서 안 나온 분입니다. 그래서 그분의 본을 따르기 위해서 그곳에 가서 공부하는데, 하루는 풀도 뽑고 마당을 치우다가 던진 기와 조각이 대나무에 부딪치는 소리를 듣고 문득 깨달았습니다. 이것을 '향엄격죽(香嚴擊竹)', 향엄스님이 대나무 소리를 듣고 깨쳤다고 합니다.

부모미생전 화두를 공부할 때는 "부모 몸 받기 전에는 나는 뭐였던가?" 하는 것이 나쁘지는 않지만 "어떤 것이 부모미생전 본래면목인가?" 이렇게 해야 합니다.

화두 이야기 하면 조주스님의 "개에게는 불성이 없다[無]"고 한 '무자(無字)' 화두를 빼놓을 수 없습니다. 흔히 "무자(無字), 없다는 의미는 무엇일까?" 하면서 의심을 하는데 무자 화두할 때는 그냥 "무자(無字), 없다는 의미는 무엇일까?" 이러지 말고, "조주스님이 없다[無]고 했는데 어째서 없다[無]고 했는가?" 그렇게 하는 것이 화두의 근본 정신입니다.

무자에 대해서 여러 가지 말들을 하는데, 그 중에 흔한 이야기가 "모든 것에는 불성이 다 있는데 조주스님은 어째서 개에게는 불성이 없다 했는가?" 하면 의심 나기가 쉽다고 말합니다. 그러나 이런 방법으로 하면 상대적인 유무(有無)의 수준으로 떨어져 버립니다. 이것이 있다 없다, 불성이 있는 것이 전부다, 이런 생각을 하게 됩니다. 또, 부처님은 불성이 있다 하셨는데 왜 조주스님은 개에게 불성이 없다고 했나, 하는 유무 상대의 개념이 세워집니다.

하지만 조주 무자에 대해서 예전부터 스님들은 이렇게 말씀하셨습니다.

유무(有無)의 무(無)도 아니고 진무(眞無)의 무(無)도 아니다.

있다·없다의 없음도 아니고 참 없음의 없음도 아니라고 한 것입니다. 그러므로 "일체 중생에게 불성이 있는데 조주스님은 왜 개에게는 없다 그랬는가?" 이러면 화두가 깨져 버립니다. "어째서 없다[無]고 했는가?" 이렇게 할 때 "있음과 없음[有無]의 없음[無]이 아니다!" 이러면 이 화두가 깨져 버린다는 말입니다. 그러니 유무(有無)를 떠나서, 조주스님이 분명히 없다고 했는데 어째서 없다고 했는지, 그 이유를 알아야 합니다. 조주가 없다고 한 이유를 모르니, 어떻게 했든지 "어째서 없다고 했는가?" "어째서 없다고 했는가?" 그렇게 자꾸 해 나가야지, 그 없다[無]의 뜻이 무엇인가, 하면서 자꾸 분석하면 안 됩니다.

그런데 화두를 참구하다 보면, 화두를 아주 조급하게 밀면 좀 되는 것 같고 허술하게 밀면 안 되는 것 같고 하는 느낌이 들 때가 있습니다. 성질 급한 사람은 마음이 조급해지고, 이러다 보면 나중에는 공부가 문제가 아니라 머리가 아픈 병도 생겨서 아무것도 안 되고 맙니다. 거문고 줄을 너무 조이면 팽팽해서 제 소리가 안 나는 법이고, 또 너무 풀면 느슨해서 소리가 안 나는 법입니다. 그러니 너무 급하게도 하지 말고 너무 느리게도 하지 말고 자연스럽게 "조주가 어째서 없다[無]고 했는가?" 하고 생각을 해야 합니다.

　잘 안 된다고 자꾸 어째서, 어째서, 하면서 성급하게 하다 보면 상기병(上氣病)이 생겨서 고생하게 됩니다. 그렇다고 서두르다 병 생긴다고 너무 느슨하게 하면 자꾸 마음이 가라앉아 공부가 안 되고 맙니다. 그러니 너무 급하게도 하지 말고 너무 느리게도 하지 말고 거문고 줄 고르듯이 "어째서 없다[無]고 했는가?" 하고 생각해야 합니다.

　화두 참구는 생각하고 의심하는 것이지 외우는 게 아닙니다. 너무 급하게도 생각하지 말고 너무 느리게도 생각하지 말고 자연스럽게 의심해야 합니다. 자연스럽게 하는 것이 좀 어렵긴 하지만 자꾸 해 보면 요령이 생깁니다. 화두는 외우는 것이 아니고 어째서 없다[無]고 했는지 그 이유를 알아야 한다는 것을 명심해야 합니다.

오매일여

　　화두 공부가 어느 정도 되면 일상생활에서 늘 화두가 한결같은 단계에 이르는데 이것을 동정일여(動靜一如)라고 합니다. 이 단계를 지나면 자나 깨나 한결같은 오매일여(寤寐一如)에 이릅니다. 물론 동정일여까지 도달하는 것도 쉬운 일은 아니지만, 오매일여가 화두를 공부해서 깨달음을 얻는 관문이 되니 여기에서는 이 오매일여(寤寐一如)라는 관문에 대해 설명해 보겠습니다.

　　설봉(雪峰, 822~908)*스님의 제자로 현사(玄沙, 835~908)*스님이 있습니다. 선(禪)에만 통달한 것이 아니라 경·율·론 삼장*을 두루 회통한 분입니다. 선과 교를 막론하고 의심나는 것이나 논란

이 있으면 스님들이 현사스님에게 와서 의견을 구하고 판정을 얻을 만큼 당대의 권위자였습니다. 그런 현사스님의 말씀입니다.

> 어떤 이들은 소소영령(昭昭靈靈)*한 영대*지성(靈臺智性)이라는 것이 있어서 보고 들으며 5온의 몸속에서 주인 노릇을 한다는, 이런 견해를 가지고 선지식을 자처한다면 크게 사람을 속이는 것이다. 그대들에게 묻겠는데 만약 소소영령함을 진짜 그대라고 인정한다면 깊이 잠든 때는 어째서 그 소소영령함이 없는가? 깊이 잠들었을 때 그것이 없다면 도적을 자식으로 착각한 것과 같으니 이는 생사를 만들고 마는 망상이 일어나는 것이다. – 「현사록」

우리가 아무리 부처님이나 달마대사 이상으로 큰 법을 성취한 것 같은 생각이 들더라도 깊은 잠에 들어서 여전히 캄캄하면, 이는 망식(妄識)의 움직임이지 실제로 깨달은 것은 아니라는 말씀입니다. 공부를 하는 도중에 자기가 아무리 공부를 많이 한 것 같지만 잠이 꽉 들어서 공부가 안 될 때는 공부가 아닌 줄 알고 공부 됐다는 생각을 아예 버려야 하는데 이것이 어렵습니다. 보통 공부해 가다 이상한 경계가 좀 나면, 이것이 견성이 아닌가, 성불이 아닌가, 또는 내 공부가 좀 깊이 들어간 것이 아닌가 하는 착각을 많이 일으키게 됩니다. 그렇지만 그 공부의 기준이 어디에 있느냐 하면 잠이 꽉 들어서도 공부가 되는가 하는 것입니다. 잠이 들어서도 공부가 되지 않으면 아직 공부가 안 된 줄 알아야 합니다. 그렇지 못하면 도적놈을 잘못 알아 자식으로 삼는 것과 같아서 손해만 있을 뿐 이익은 없습니다.

누구든지 공부를 하다가 잠이 꽉 들었을 때 공부가 안 되면 이것은 생사의 근본 해결에 아무 소용없는 것입니다. 이 정도 공부를 가지고 아는 체 하다가는 저도 망하고 남도 망치는 것임을 알아서 일생을 공연히 쓸데없이 헛보내지 말아야 합니다.

임제종 중흥조로서 오조법연(五祖法演, 1024~1104)˚선사, 원오극근(圜悟克勤, 1063~1135)˚선사, 대혜종고(大慧宗杲, 1089~1163)˚선사, 이렇게 세 분이 임제종을 크게 진흥시켜 천하에 널리 퍼지게 하였습니다. 이 중에서 대혜스님이 공부한 것이 좋은 참고가 됩니다.

대혜스님은 17세에 출가하여 19세에 어록을 보다가 깨쳤다고 생각하였습니다. 그리하여 천하를 돌아다니면서 큰스님들을 찾아뵙고 법담을 하며 물어보니 다 자기만 못한 것 같고 누구든지 그 말을 당하지 못하니 천하를 횡행하듯 했습니다. 마지막으로 진정극문(眞淨克文, 1025~1102)˚선사의 제자인 담당문준(湛堂文準, 1061~1115)˚선사를 찾아갔습니다. 그 당시 천하에 이름난 다섯 큰스님[五大師]이 계셨는데, 오조법연 선사 밑의 불안청원(佛眼淸

遠, 1067~1120)˙·불감혜근(佛鑑慧懃, 1059~1117)·원오극근(圜悟克勤, 법호는 불과佛果)의 삼불(三佛)과 황룡사심(黃龍死心, 1043~1114)˙과 담당문준(湛堂文準)선사입니다.

　담당스님을 찾아간 대혜스님은 병의 물을 쏟듯, 폭포수가 쏟아지듯 아는 체 하는 말을 막 쏟아 부었습니다. 담당스님이 가만히 듣고 있다가 "자네 좋은 것 얻었네. 그런데 그 좋은 보물 잠들어서도 있던가?" 하고 물어 왔습니다. 그런데 자신만만하여 천하를 누비며 석가보다 달마보다도 낫다 하던 그 공부가 잠들어서는 없는 것입니다.

　"스님, 다른 것은 전부 다 자신 있습니다. 그런데 잠들어서는 그만 아무것도 없습니다. 어쩔 수가 없습니다."

　"잠들어서는 아무것도 없으면서 석가, 달마가 아무것도 아니라고? 그것은 병이야 병, 고쳐야 돼."

　당시 선가에서 비중 높은 담당선사가 이렇게 자기 병통을 꽉 찌르니 항복하지 않을 수가 없었습니다. 사실 보면 자기가 아무리 아는 체 하고 도도한 체 하여도 자기 양심을 속일 수는 없는 것이어서 대혜스님처럼 잘못을 뉘우치고 다시 발심해서 철저하게 공부를 해야 되지, 자기가 공부 아닌 줄 알면서도 남을 속이려 들면 이것은 참 곤란한 일입니다. 이것이 천하에 유명한 대혜스님의 공부과정이니 좀 자세히 설명해 볼까 합니다.

그 당시 대혜스님의 생각에 천하 선지식이라는 분들이 소용없고 오직 담당선사 한 분만이 눈밝은 사람인 것처럼 보였습니다. 다른 스님들은 잠이 꽉 들면 참선이 안 되는 것을 지적하지 못했는데 담당스님 한 분만이 지적해서 자기의 잘못을 깨우쳐 주었기 때문입니다. 그래서 자기기 평생을 시봉하고 여기서 공부를 성취하려고 생각했습니다. 그런데 담당스님이 55세에 돌아가시게 되었습니다. 그 전에 대혜스님이 낙담하여 여쭈었습니다.

"지금 스님께서 돌아가시면 제가 누굴 의지해야 큰 일을 성취할 수 있겠습니까?"

"서울에 원오선사라는 분이 있는데 내가 아직 보지는 못했지만 눈밝은 본분종사이니 그 스님을 찾아가면 네가 반드시 큰 일을 성취할 것이다."

담당스님이 이렇게 유언을 남겼습니다. 그래서 담당스님이 돌아가신 뒤 모든 뒷일을 다 처리하고, 원오스님을 찾아가면서 혼자 생각에 만약 원오스님이 다른 선지식과 마찬가지로 자기 공부의 병을 지적해 내지 못하고 어느 정도까지 인정해 주는 기미만 보이면 '참선이란 말짱 거짓말이니 선이 없다는 논(論)이나 짓고 경전이나 한 부 싸들고 평생 경이나 읽고 말 것이다' 하고 다짐하면서 원오스님을 찾아갔습니다. 그것도 바로 가지 못하고 십년이나 넘는 세월을 지내고 찾아갔습니다.

찾아가서 무슨 말을 걸어 보려고 하니 절벽에 막힌 것 같고 자기 공부는 거미줄 정도도 안 되는 것이었습니다. 만약 원오극근 선사가 자기의 공부를 조금이라도 인정하는 기색이면 그를 땅속에 파묻어 버리리라는 굳은 결심으로 찾아갔는데 어떻게 해 볼 도리가 없었습니다.

'아하, 내가 천하가 넓고 큰 사람 있는 줄 몰랐구나!'

크게 참회하고 말했습니다.

"스님, 제가 공연히 병을 가지고 공부인 줄 잘못 알고 우쭐했는데, 담당문준 선사의 법문을 듣고 공부를 하는데 아무리 해도 잠들면 공부가 안 되니 어찌 해야 합니까?"

"이놈아, 쓸데없는 망상하지 말고 공부 부지런히 해. 그 많은 망상 전체가 다 사라지고 난 뒤에, 그때 비로소 공부에 가까이 갈지 몰라."

이렇게 꾸중듣고 다시 열심히 공부를 하였습니다.

그러던 어느 날 원오스님이 상당하여 법문을 하셨습니다.

"운문스님에게 어떤 스님이 묻기를 '어떤 것이 모든 부처님들의 몸이 나오신 곳입니까?' 하니 운문스님이 '동쪽 산이 물 위로 간다.'고 대답하셨다. 나는 그렇게 말하지 않겠으니 나에게 누가 '어떤 것이 모든 부처님들의 몸이 나오신 곳이냐?'고 물으면 '훈풍이 스스로 남쪽에서 오니 전각에 서늘한 기운이 나는구나.' 하겠다."

원오스님의 이 법문을 듣고 대혜스님이 확철히 깨달았습니다. 기록을 보면 '신오(神悟)'라 하였습니다. 신비롭게 깨쳤다는 말입니다. 그때가 바로 오매일여입니다. 비로소 꿈에도 경계가 일여하게 된 것입니다.

이리하여 원오스님에게 갔습니다. 하지만 원오스님은 말조차 들어보지 않고 쫓아내는 것이었습니다. 말을 하려고 하면 "아니야 아니야[不是 不是]." 하며 말을 하기도 전에 말을 막습니다. 그러다가 '유구와 무구가 마치 등칡이 나무를 의지하는 것 같다[有句無句 如藤倚樹]'는 화두를 물었습니다. 대혜스님 생각에 환하게 알 것 같아 대답을 했습니다.

"이놈아, 아니야. 네가 생각하는 그것 아니야. 공부 더 부지런히 해!"

대혜스님이 그 말을 믿고 생명을 다 바쳐 더욱 부지런히 공부했습니다. 그리하여 결국 참으로 확철히 깨쳤습니다. 이렇듯 대혜스님은 원오스님에게 와서야 잠들어도 공부가 되는 데까지 성취했습니다. 그리고 그 자리에서 확철히 깨친 것입니다.

망상이 일어났다 없어지는 일이 여전한 데서는 절대로 오매일여가 되지 않습니다. 분명히 자기가 오매일여가 안 된 줄 알고 실제 공부가 아닌 줄 알면서도 이 병을 고치지 못하고 큰소리를 치고 돌아다니면서, 심지어는 부처님 말씀이 옳으면 자기 병을 고치고 부처님 말씀이 거짓말이면 자기 병을 고칠 필요 없다는 식으로까지 나올 정도로 지견*병(知見病)은 고치기 어렵고 무서운 것입니다. 그래서 원오스님 같은 큰 선지식을 만났기에 이 병을 고치고 마침내 오매일여가 되어 구경을 성취할 수 있었지, 만약 그렇지 않았으면 이 병 고치기가 어려웠을 것입니다.

화두 참구의 관문

오매일여를 설명하기 전에 우선 동정일여(動靜一如)를 거론해야 합니다. '움직이거나 조용히 있을 때에도 일여하다'는 동정일여는 깨어 있는 일상 생활에서도 화두 공부가 되고 있는 상태를 말합니다. 말을 할 때에도 말을 하지 않을 때에도, 걷고 있을 때에도 앉아 있을 때에도, 세수하고 밥 먹을 때에도 늘 한결같은 것입니다. 하지만 이 정도 경지에 드는 것도 쉬운 일이 아닙니다. 이 동정일여와 다음의 두 가지 오매일여를 합해서 내가 늘 이야기하는 '3단 수행', 또는 '3관(關)'이라고 합니다.

일상의 일여보다 더 깊은 단계가 자나 깨나 일여한 오매일여입니다. 오매일여에는 꿈꿀 때에도 한결같은 몽중일여(夢中一如)와 잠이 깊이 든 때의 숙면일여(熟眠一如)의 두 종류가 있습니다. 꿈 꿀 때의 오매일여는 제6식의 작용이 사라진 단계로서 교가(敎家)의 7지보살에 해당하고, 잠이 깊이 든 때의 오매일여는 제8아뢰야식에 머무는 8지 이상의 자재보살(自在菩薩)에 해당합니다.

번뇌망상에는 분별작용이 없는 세 가지 미세한 것[三細]과 분별작용이 있는 여섯 가지 거친 것[六麤]이 있어서 8만 4천의 한없는 번뇌를 파생합니다. '3세번뇌'는 근본무명으로서 아뢰야, 아타나 또는 제8식 등으로 부르며, '6추번뇌'는 지말번뇌로서 의식, 또는 제6식이라고 합니다.

보통 마음을 말할 때에는 제8식과 제6식 이외에 제7식을 이야기하는데, 현수(賢首, 643~712)˚스님은 "안[內]을 아(我)라고 여기는 점에서 말하면 3세에 속하고, 밖을 아소(我所)로 여기는 점에서 말하면 6추에 속하므로 생략한다."고 하였습니다. 여러 조사의 논소에서 3세˚를 제8식인 아뢰야라고 하는 점에서는 일치하지만 6추˚에 대해서는 6식만을 거론하거나 7식까지 포함하기도 하여 설명이 일치하지 않습니다. 그러나 현수(賢首)는 물론이고 감산덕청(憨山德淸, 1546~1623)도 제7식은 거짓된 것이라면서 "제7식은 유전(流轉)˚하지 않으므로 생사의 원인이 아니다."라고 하므로 제7식을 따로 논하지 않아도 수도에는 관계가 없으므로 수행을 이야기할 때는 거론하지 않아도 상관없습니다.

7지보살 이하의 모든 중생은 6추 속에 있고 8지 이상의 자재보살은 3세 가운데 있습니다. 이 근본과 지말의 두 가지 무명, 즉 번뇌망상이 진여불성을 가리고 있으므로 본성을 보려면 이 두 가지를 제거해야만 합니다. 만약에 6추만 제거하고 3세가 남아 있으면 자재보살의 경지입니다. 견성은 제8아뢰야식인 3세를 영원히 끊은 무여열반(無餘涅槃)*이라야 하는데 무여열반은 바로 무심(無心)을 말합니다. 그리하여 자재위 이상의 대보살들도 미세무명을 아직 벗어나지 못하고 제8아뢰야식에 머물러 있으므로 견성이 아닙니다. 제8의 극히 미세한 망상까지 모두 없애야만 여래의 정법안장(正法眼藏)*을 전해 받습니다.

그러므로 몽중일여(夢中一如)인 7지도 아직 6추의 영역이고, 숙면일여(熟眠一如)인 자재위도 제8아뢰야인 3세의 영역입니다. 부처님의 지위에 가야 3세도 사라집니다. 선문에서 제8아뢰야의 장식(藏識)을 제8 마계라 하여 적극적으로 배척하는 것은 미세한 장식을 타파하지 않으면 견성할 수 없기 때문입니다.

동정일여(動靜一如)와 몽중일여(夢中一如)가 되어도 숙면일여(熟眠一如)가 되지 않으면 이것은 6추의 영역이요, 숙면일여가 되어야만 비로소 가무심(假無心)인 3세의 미세망상에 이른 것입니다. 그러나 이 미세번뇌를 다 끊어 없애지 않으면 견성이 아니어서 정안종사*가 될 수 없습니다. 그러므로 이것을 끝까지 밝혀서 기

어코 벗어나야만 불조의 혜명을 이어갈 수 있습니다.

몽중일여가 되어 제6식의 망상이 끊어지면 6식에 번뇌가 없는 무루(無漏)˚가 되어서 묘관찰지(妙觀察智)˚가 성립하는데 이런 상태를 인식의 작용이 없는 '무상정(無相定)' 또는 '무상정(無想定)'˚이라고 합니다. 무상정에 들어가면 공부에 끊어짐이 없어져, 일상에서뿐만 아니라 꿈속에서도 끊어짐이 없게 됩니다. 꿈속에서도 공부의 경계가 한결같으면 이때가 바로 7지보살입니다. 그러니 화두 공부가 잘 된다 못 된다 하는 것은 아직 6식 경계에 머무르고 있어서 망상의 움직임이 여전한 공부밖에 되지 않는 줄 분명히 알아야 합니다. 몽중일여를 성취하면 7지보살이라는 선언은 예전 스님들이 모두 인정한 내용입니다.

그러나 7지보살도 수행의 물러남이 있어서, 번뇌와 마음 작용이 완전히 사라진 제8지 멸진정(滅盡定)˚에 들어가야만 비로소 공부에 물러남이 없는 불퇴전(不退轉)˚이 됩니다. 제7지 무상정에 들어 몽중일여한 경계에 있다 해도 시간이 흘러 공부가 달리 나가면 물러남이 생깁니다. 7지에서는 가행 (加行)˚, 즉 노력이 있어야 하기 때문입니다.

제7지는 아직까지 범부의 지위에 속하나 제8지는 성인의 지위에 속합니다. 또 제7지와 제8지에서 얻은 무심(無心)은 차별이 없는 것 같지만, 실제로 수행을 해보면 제7지에서는 마음 작용이 있어서 자재하지 못하며, 제8지 이상이 되면 작용이 없는 동시에 자재하는 차이가 있어, 제7지의 보살은 꿈속에서만 한결같고[夢中一如], 제8지 보살 이상이 되어서만 잠이 꽉 들어서도 한결같은 [熟眠一如] 참다운 오매일여가 성취됩니다.

그러므로 우리가 공부하는 데도 참다운 구경까지 성취하려면 반드시 노력에 노력을 더해서 잠이 꽉 들어서도 언제든지 변동이 없는 숙면일여의 오매일여 경계를 돌파해야지, 그런 경계를 뚫고 나아가기 전에는 공부라고 취급할 수 없습니다.

바로 이 점에서 예전 조사스님이 깨친 경계와 부처님이 깨친 경계가 똑같다는 것을 알 수 있습니다. 조사스님, 조사스님 하면서도 과연 이분들의 경계가 부처님과 같을까 하고 생각하는 사람들이 많이 있습니다. 5가 7종의 정맥(正脈)으로 내려온 조사스님들은 누구를 막론하고 반드시 오매일여라는 경계를 지나서 깨친 사람들이지 오매일여의 경계를 지나지 않고 깨쳤다는 사람은 한 사람도 없습니다. 그것은 앞에서 현사스님이 지적한 대로 참다운 선지식이라 하면 잠이 꽉 들어서도 한결같은 오매일여의 경계를 성취하지 않은 사람이 없고 그렇지 않으면 선지식 노릇을 할 수 없기 때문입니다.

잠이 꽉 들어서도 한결같은 오매일여의 경계에 있다 하면 벌써 제8지보살 이상이라는 것이 분명합니다. 그것만 가지고 보아도 선문(禪門)에서 조사나 종사라 하는 사람들은 누구든지 제8지 보살 이상이라는 것은 틀림없습니다.

　여기에서 그치는 것이 아닙니다. 오매일여가 된 자리에서 깨쳐야 한다고 늘 말하는 것처럼 실제로 온갖 경계를 벗어나 진여(眞如)의 대원경지(大圓鏡智)*가 드러나지 않고서는 조사라고 할 수 없습니다. 선문의 조사라는 스님 치고 잠이 꽉 들어서도 한결같은 오매일여의 경계를 지내지 않은 스님은 한 분도 없다는 것을 분명히 알아야 합니다.

　오매일여를 믿지 않는 것은 앞서 언급한 대혜스님만의 병통이 아니라 수도하는 사람에게는 고금에 공통하는 병입니다. 아무것도 모르는 사견으로 오매일여의 실제 경지를 부정하고 감히 입을 크게 열어 선을 말하니 참으로 통탄할 일입니다. 대혜스님이 만일에 담당스님과 원오스님 같은 눈밝은 종사를 만나서 마음을 돌이키지 않았다면 뒷날 크게 성공하지는 못했을 것입니다. 대혜스님이 오매일여를 실제로 체득하고는 "자나 깨나 한결같다는 부처님 말씀이 진실이요, 거짓말이 아니다."고 찬탄하였으며, "그 은혜는 분골쇄신해도 다 갚을 수 없다."고 감격하였습니다.

　수도하는 사람은 각자의 사견을 고집하지 말고 옛 부처와 옛 조사의 말씀을 표준 삼아 구경무심지를 실제로 증득해야 합니다. 그렇지 않으면 자기 생사 문제도 해결하지 못하고 결국 불조의 혜명을 영원히 단절할 것입니다. 거친 망상을 영원히 떠난 아뢰야 무심[賴耶無心]도 견성이 아닌데, 객진번뇌 속에서 견성했다고 자처하게 되면 자신과 남을 그르치는 큰 비극이 연출되니 부디 정신 차려야 합니다.

그런데 관문을 이야기하면서 동정일여니 몽중일여니 숙면일여니 하면서 단계를 말하니 "일초직입여래지(一超直入如來地)°라는 말이 있는데 그것은 어떻게 되는 것인가?" 하고 의심을 품을 것입니다. 물론 그렇게 바로 들어가는 사람도 있습니다. 누구나 사다리 밟듯이 단계를 모두 거쳐간다는 말이 아닙니다. 중요한 것은 동정이니 몽중이니 숙면이니 하는 것에서 그걸 초월해야지 거기에 걸리면 안 된다는 말입니다. 지금 단번에 단계를 뛰어넘었다 해도 몽중에 공부가 되지 않든가 숙면에 안 되든지 하면 일초직입한 것이 아닙니다.

예전에 일초직입여래지했다는 스님들을 보면 숙면에서도 일여한 그 경계를 이미 지나간 상태에 이른 것입니다. 공부하는 것을 자세히 말하려니 세 가지로 말하는 것이지 예전 스님들은 반드시 세 가지로 나눠서 말씀하시지 않는 경우도 많습니다. 현사스님 같은 이도 숙면일여만 말씀하셨습니다. 하지만 공부 단계에서 숙면일여 아래 단계의 것들은 거론할 필요도 없는 것이 아니겠습니까?

설암스님이 고봉스님에게 물었다.

"낮 동안 분주할 때에도 한결같으냐?"

"한결같습니다."

"꿈속에서도 한결같으냐?"

"한결같습니다."

"잠이 꽉 들었을 때는 주인공이 어느 곳에 있느냐?"

여기에서는 말로써 대답할 수 없으며 이치로도 펼 수가 없었다. 5년 후에 곧바로 의심덩어리를 두드려 부수니 이로부터 나라가 편안하고 나라가 조용하여서 한 생각도 함이 없어 천하가 태평하였다. -「선요」*

고봉원묘(高峰原妙, 1238~1295)*스님이 설암스님을 뵈었을 때 나눈 문답인데 이것이 바로 화두를 점검하는 표준입니다.

누가 깨쳤다면서 선지식이라며 오면, "네가 깨친 경계가 일초직입했다 하지만 그러면 잠이 꽉 들어도 잊어버리지 않고 그 경계가 있느냐?" 이렇게 물으면서 공부의 수준을 가늠합니다. 제아무리 일초직입해서 크게 깨쳤다고 해도 숙면일여가 안 된다면 깨달은 것이 아닙니다. 그런 것은 쓸데없는 망상이고 망념의 근본이니 아무 소용없는 것입니다. 그러므로 이것을 계단을 밟아 올라가듯 하라는 말이 아니라, 단계를 밟아 올라가든 한 번에 뛰어올랐든, 숙면에도 일여한 이 경계를 반드시 통과해야지, 이 경계를 통과하지 못하면 아무 소용없다는 점을 알아야 합니다. 그러니 근기에 따라서 삼단(三段)을 다 밟아 가는 사람도 있고, 한 번에 뛰어 넘는 사람도 있지만, 결국 잠 꽉 들은 숙면에서도 일여한가, 그것이 근본입니다.

죽은 자리에서 다시 살아나다

달마대사*가 말하였다.
"밖으로 모든 인연을 쉬고 안으로 마음이 허덕이지 아니하여 마음을 장벽과 같이 해야 도에 들어갈 수 있느니라."
-『전등록』*

한 생각도 일어나지 않고 과거와 미래가 모두 끊어져서 번뇌가 순식간에 쉬고 혼침(昏沈)과 산란(散亂)을 끊어 없애 종일토록 어리석고 분별이 없으니 마치 진흙으로 만들거나 나무로 조각한 사람과 같은 까닭에 장벽과 다름이 없다고 한다. 이러한 경계가 나타나면 집에 이르는 소식이 결정코

멀지 아니하다. – 「선요」

참선을 할 때에는 '마음을 장벽과 같이[心如牆壁]' 해야 합니다. 마음이 장벽과 같다고 하니 어디 가다가 담이나 벽에 탁 부딪치는 것과 같이 오도 가도 못하게 앞에 무엇이 가로막힌 것으로 잘못 해석하는 경우가 많습니다. '마음이 장벽과 같다'는 것은 사람을 마치 흙이나 나무로 만든 것처럼 목석과 다름없는 대무심지(大無心地)를 장벽이라고 비유한 것입니다. 이런 것을 '한 생각도 일어나지 않고 과거와 미래가 모두 끊어졌다[一念不生 前後際斷]'고 표현합니다.

우리가 생각이나 분별로 과거니 미래니 하는데, 한 생각도 일어나지 않는 무심 경지에 들어가면 과거·현재·미래 전체가 다 끊어져 버리는데 이것을 '과거와 미래가 끊어졌다[前後際斷]'고 합니다. 그렇게 되면 밖으로 번뇌를 일으키는 모든 반연(攀緣)이 순식간에 쉬게 되는데 이것이 '밖으로 모든 인연을 쉬는 것[外息諸緣]'이며, 또 마음이 가라앉고 산란해지는 일이 끊어져 없어지는데 이것이 '안으로 마음이 허덕이지 않는 것[內心無喘]'입니다. 모든 인연을 다 쉬고 일체 번뇌망상이 다 끊어진 무심 경지를 목석과 장벽에 비유한 것입니다. 그러면 목석과 장벽과 같은 대무심지(大無心地)에 이르면 이것이 도(道)냐 하면 아직은 도(道)가 아니라 구경각(究竟覺)*을 성취하는 일이 멀지 않다는 것에 지나지 않습니다.

그러면 앞에서 말한 오매일여와는 어떤 관계가 있는가? 몽중일여만 되어도 모든 마음 작용이 사라진 무상정(無想定)이니 겉으로 볼 때는 '일념불생 전후제단'과 같은 경계이며, 거기에서 한 걸음 더 들어가 숙면일여의 자재보살 이상이 되어도 '일념불생 전후제단'의 경계입니다. 그러나 아직 이 단계는 깨달음을 얻은 것이 아니어서 여기에서 다시 살아나 깨쳐야 합니다. 자재보살 이상의 멸진정(滅盡定)에서 오매일여를 성취하여야 도에 들어갈 수 있는 것이니 이 경계를 선종에서는 '죽은 데서 다시 살아난다[死中得活]'고 합니다.

'일념불생 전후제단'이 되어 대무심지에 이르렀다고 해도 거기서 살아나지 못하면 이 사람은 크게 죽은 사람[大死底人]입니다. 크게 죽은 사람은 구경각을 성취하지 못하였으며 도(道)를 이루지 못하였으며, 견성하지 못한 사람입니다. 이만한 경계에 도달하려고 해도 참으로 많은 노력이 필요하고 또 어려운 것은 사실이나, 죽어서 살아나지 못한다면 이것은 도가 아니고 견성이 아니라고 고불고조(古佛古祖)가 한결같이 말씀하시고 있습니다. 하물며 번뇌가 그대로 있는 경계에서 견성을 했다든지 도를 이루었다든지 하면 이것은 말할 필요조차 없습니다. 그러므로 이 크게 죽은 경계에서 참으로 살아나야 합니다.

번뇌망상이 그대로 있는 것을 가지고 공부가 아닌가 하고 생각하는 사람은 아직 죽지도 못한 사람입니다. 죽어서 살아나지 못한 사람도 도가 아닌데 아직 죽지도 못한 사람은 더 말할 것도 없습니다.

원오스님이 "훈풍이 남쪽에서 불어오는구나." 하고 법문하시는 것을 보고 홀연히 과거와 미래가 끊어지니 마치 한 뭉치 헝클어진 실을 칼로 한번 끊으면 다 끊어지는 것과 같았다. 원오스님이 말씀하셨다.

"아깝구나. 너는 죽었으나 살아나지 못하였으니 언구를 의심하지 않는 것이 큰 병이다. 죽은 후 다시 살아나야 스스로를 속일 수 없느니라."

원오스님 방에 들어갈 때마다 '유구무구가 등칡이 나무를 의지함과 같다'는 공안을 들어 물으시고 내가 겨우 입을 열려고 하면 즉시 '아니다'라고만 말씀하셨다. 내가 비유를 들어 "이 도리는 흡사 개가 뜨거운 기름솥을 보는 것과 같아서 핥으려 하나 핥을 수 없고 버리자니 버릴 수 없는 것과 같습니다." 하니, 원오스님이 "너의 비유가 지극히 좋구나." 하셨다.

어느 날 원오스님이 "나무가 넘어지고 등칡이 마르니 서로 따라온다."고 법문하시는 것을 듣고 내가 즉시 이치를 알고는 "제가 이치를 알았습니다." 하였다. 원오스님이 "다만 네가 공안을 뚫고 지나가지 못할까 두렵다." 하시고는, 한 뭉치의 어려운 공안을 연거푸 들어 물었다. 내가 이리 물으면 저리 대답하고 저리 물으면 이리 대답하여 거침이 없으니 마치 태평무사한 때에 길을 만나 가는 것처럼 다시 머무르고 막힘이 없으니 그제서야 "네가 스스로를 속이지 못한다."고 하신 말씀을 알았다.

대혜스님이 자기가 알았다고 큰소리 친 이후 한참의 세월 만에 몽중일여가 되어서는 부처님 은혜에 보답할 수 있다고 감격해 한 일은 앞에서 설명했습니다. 그래서 몽중일여가 되니 공부가 다 된 것 아닌가 하고 원오스님을 찾아뵈었습니다. 그러나 원오스님은, "너의 지금 경계도 성취하기 어렵지만 참으로 아깝구나! 죽기는 했으나 살아나지 못하였으니 언구(言句)를 의심하지 않는 것이 큰 병이다. 죽은 후 다시 살아나야 너를 속일 수 없느니라." 하고 경책하였습니다.

'전후제단'의 경계에 머무는 일을 선문에서는 '죽기는 했으나 살아나지 못하였다'며 철저히 배척하는 것입니다. 여기에서 철저히 깨쳐 활연히 크게 살아나야만 바르게 깨쳤다고 인정하는 것입니다. 크게 죽은 후에 다시 크게 살아나기 전에는 공안의 심오한 뜻을 알 수 없는 것입니다. 그래서 원오스님이 대혜스님에게 "언구, 즉 공안*을 의심하지 않는 것이 큰 병"이라고 하신 것입니다. 몽중일여가 되고 숙면일여가 되었다 하여도 공안의 뜻을 알 수 없는데 하물며 번뇌가 여전한데도 공안을 알았다 하고 견성했다 하고 보임(保任)*한다 하면 어떻게 되겠습니까?

임제종 정맥에서 원오스님과 대혜스님은 역사적으로 유명하고 큰스님입니다. 이런 큰스님들의 경험담이고 서로서로 지시하고 지도하고 의지한 그런 공부 방법이니 여기에 대해서 조금이라도 의심을 하게 된다면 결국 자기만 죽고 말 것입니다. 이러한 공부 과정은 선종뿐 아니라 전체 불교에서도 표준입니다. 이처럼 대혜스님이 원오스님의 지시를 따라 '유구(有句)와 무구(無句)가 등칡이 나무를 의지함과 같다'라는 공안을 참구하여 마침내 원오스님의 법문에서 다시 살아나 깨쳐서 일체 공안을 바로 알아 인가를 받은 것입니다.

내가 늘 고불고조의 뜻을 따르자고 하니 조상의 뼈만 들춘다고 나를 오해하는 사람들이 많은 모양인데, 고불고조(古佛古祖)를 표방해서 전통적인 큰스님들 법문을 귀감으로 삼고 거울로 삼아야지 공연히 내 옳으니 네 그르니 하여 서로서로 비방할 일이 아

닙니다. 오직 우리의 표준은 고불고조에 두어야 하니 원오스님이
나 대혜스님 같은 큰스님들이 실지에 있어서 몽중일여가 되고 오
매일여가 되어서도 거기서도 공부라고 생각하지 않고 참으로 화
두를 참구하여 깨쳐서 비로소 조사가 되고 도인이 되고 했으니
이것을 모범으로 삼지 않으면 무엇을 모범으로 삼겠습니까?

 지금까지 거론한 스님들은 중국스님들이니 그럼 우리나라에
서는 어떤가 하는 것을 나옹(懶翁, 1320~1376)*스님과 태고(太古,
1301~1382)*스님의 말씀으로 들어보겠습니다. 먼저 나옹스님의
말씀입니다.

> 공부가 이미 동정(動靜)에 간격이 없으며 오매(寤寐)에 항상
> 일여하여 접촉하여도 흩어지지 아니하고 넓고 아득하여도
> 없어지지 아니한다. 마치 개가 뜨거운 기름솥을 보는 것과
> 같아서 핥으려야 핥을 수 없고 버리려야 버릴 수 없는 것과
> 같은 때에는 어떻게 해야 합당한가? - 「나옹록」

 나옹(懶翁)스님이 공부해 나아가는 정도를 열 단계로 나누어
'공부십절목(工夫十節目)'을 작성하여 수도의 지침이 되게 하였는
데 이것은 그 제6절목입니다. 참선하여 도를 깨치는 데에는 오매
일여의 경계를 통과함을 필수조건으로 삼으니, 만일 이것을 통과

하지 못하면 견성이 아니며 도를 깨친 것이 아니라는 말씀입니다. '공부십절목'의 나머지는 다음과 같습니다.

1. 세상 모든 사람들은 모양을 보면 그 모양에서 벗어나지 못하고, 소리를 들으면 그 소리에서 벗어나지 못한다. 어떻게 하면 모양과 소리를 벗어날 수 있을까?
2. 이미 소리와 모양에서 벗어났으면 반드시 공부를 시작해야 한다. 어떻게 그 바른 공부를 시작할 것인가?
3. 이미 공부를 시작했으면 그 공부를 익혀야 하는데 공부가 익은 때는 어떤가?
4. 공부가 익었으면 나아가 자취[鼻孔]를 없애야 한다. 자취를 없앤 때는 어떤가?
5. 자취가 없어지면 담담하고 냉랭하여 아무 맛도 없고 기력도 전혀 없다. 의식이 닿지 않고 마음이 활동하지 않으며 또 그때에는 허깨비몸이 인간세상에 있는 줄을 모른다. 이쯤 되면 그것은 어떤 경계인가?
7. 갑자기 120근 되는 짐을 내려놓는 것 같아서 단박 꺾이고 단박 끊긴다. 그때는 어떤 것이 그대의 자성(自性)인가?
8. 이미 자성을 깨쳤으면 자성의 본래 작용은 인연을 따라 맞게 쓰인다는 것을 알아야 한다. 무엇이 본래의 작용이

맞게 쓰이는 것인가?

9. 이미 자성의 작용을 알았으면 생사를 벗어나야 하는데, 눈 감을 땐 어떻게 벗어날 것인가?

10. 이미 생사를 벗어났으면 가는 곳을 알아야 한다. 사대*는 각각 흩어져 어디로 가는가?

태고스님은 공부를 하여 20여 년 만인 40여 세에 오매일여가 되고 그 후 확철히 깨쳤습니다. 깨치고 보니 당시 고려의 큰스님들이 자기 마음에 들지 않았습니다. 자기를 인가(印可)해 줄 스님도 없고, 자기 공부를 알 스님도 없었습니다. 그래서 중국으로 가 임제정맥을 바로 이어서 돌아왔습니다. 태고스님 같은 분은 우리나라에서 나신 스님이지만 깨치고 바로 알고 바로 가르치신 분이라 하겠습니다. 그 스님은 항상 이런 말씀을 하셨습니다.

점점 오매일여한 때에 이르렀어도 다만 화두하는 마음을 여의지 않음이 중요하다. - 『태고록』

이 한마디에 스님의 공부가 들어 있습니다. 공부를 하여 오매일여한 경계에 들어 잠이 아무리 들어도 일여한 경계에서도 화두는 모르는 것입니다. 누구든지 오매일여가 되었다 해도 거기서

만족하지 말고 본분종사를 찾아가서 참으로 바로 깨쳤는지를 점검받아야 합니다.

태고스님이나 나옹스님은 고려 말엽의 큰스님들로서 열심히 정진하였으며 나중에 중국에 가서 인가를 받은 스님들로서 선종의 정통을 바로 이은 스님들입니다. 그런 큰스님들이 공부를 가르치는 데도 오매일여를 많이 말씀하셨으니 오매일여의 관문을 통과하지 않으면 안 되는 줄 분명히 알아야 합니다.

화두 참구 중의 장애

(1) 깨쳤다는 착각

화두 공부가 이렇게 어려운 일인데 공부하다가 번뇌망상이 여전한 사량분별을 가지고 깨달았다고 아는 체하는 것은 생각해 볼 수도 없는 일입니다. 그런데 요즘 보면 이 병이 너무 깊어 한두 철 나면 뭐 좀 알았다고 큰소리 치는 사람들이 있으니 한심한 일입니다.

어떤 젊은 수좌 하나는 오대산에서 토굴을 짓고 사는데, 한 해 여름에 그 천리 길을 세 번이나 왔습니다. 처음에 왔을 때에는 그건 아무것도 아니라고 타일러서 보냈는데, 가서 해보니 또 알 것 같아 이번에는 정말로 바로 깨쳤다 싶어 또 쫓아왔습니다. 그렇게 세 번이나 찾아왔지만 내가 볼 땐 여전히 공부가 되어 있지 않았습니다. 그 사람뿐 아니라 공부하다가 깨쳤다면서 와서 묻는 사람을 더러 봅니다. 공부하다 무슨 경계가 나타나고 하면 병난 걸 가지고 깨쳤다고 착각하는 것입니다.

그런 병을 판단하는 기준이 바로 오매일여입니다. 이미 깨쳤다고 생각해서 석가모니 그까짓 것 아무것도 아니고, 내가 천하제일이다, 하는 생각을 하는 사람들에게 내가 묻는 것도 바로 이것입니다.

"그래, 석가모니가 똥덩어리만도 못하든 금덩어리만도 못하든 그런 소리 하지 말고, 그럼, 네가 공부한 것이 보통 생활할 때도 일여하냐?"

"아, 그건 안 됩니다."

"아니 그럼, 보통 생활할 적에 일여하지 못한, 한결같지 못한 그런 걸 갖고 부처님보다 낫다 생각하나?"

"그럼 뭘 갖고 아는데요?"

"공부란 것이 동정(動靜)에 일여해야 돼. 움직일 때나 가만히 있을 때나 일여해야 하고, 몽중에도 일여해야 하고, 숙면에도 일여해야 해. 숙면에 일여했다고 해도 그것을 깨쳐야 공부야. 그게 바로 깨친 거지, 그렇지 않으면 병이지 공부 아니야!"

"아! 그럼 난 큰일났네! 난 꿈에는 고사하고 뭐 일상생활도 잘 안 됩니다."

"그러니 네가 천하제일일 수가 없는 거다. 그러면 너는 어쩔래?"

"그럼 스님 말씀 믿고……"

"내 말이 아니야! 이건 예전 조사스님도 다 말씀하신 거지. 이 도둑놈아! 스님이 뭐 잘났다고 내 법 내세우면 되나? 자고로 어떤 큰스님이든지 잠 꽉 들어서도 일여한 거기에서 깨쳐야 참으로 바로 깨친 거지, 그러기 전엔 절대 깨친 게 아니라고 부처님도 그리 말씀했고 조사스님도 다 그리 말씀했단 말이야. 잠 꽉 든 건 고사하고, 또 꿈에는 고사하고, 동정에도 일여하지 않는 그걸 갖고 네가 뭘 깨쳤다 할 것이냐? 그건 순전히 병난 거지 깨친 게 아니다."

그렇게 말해 주면 가만히 들어보니 제 공부가 틀렸다는 걸 깨닫습니다.

"아이고! 이전에 잘못 배운 것 같습니다. 그러면 그걸 표준으로 삼고, 몽중에도 일여하고 숙면에도 일여한 거기에서 깨쳐 가지고 오겠습니다."

이렇게 말하고 가곤 합니다.

또 언젠가는 큰법당 법문을 하고 내려오니 웬 수좌가 나를 보고 절을 자꾸 하면서 "아이구, 스님 법문 하시는데 일언지하에 확철대오했습니다!" 하길래 내가 물었습니다.

"허, 참 반갑네. 그래 일언지하에 뭘 깨쳤길래 깨쳤다 그러나?"

"온 1,700공안이 환합니다."

"그래, 그래. 1,700공안이 환한 건 그만두고 지금 네가 얘기할 때 지금도 공부가 그대로 되나?"

가만 생각해 보더니 얘기할 땐 없다고 그럽니다. 이쯤 되면 내가 몽둥이로 때려줘 버립니다.

"허허허! 에이, 도둑놈의 자식아. 공부 깨친 것이 그런 건 줄 아나? 그게 공부 아니야. 가다 보면 망상이 좀 생기고, 어떻게 하다 경계가 조금 비친다고 그게 깨친 게 아니란 말이다. 동정일여해서 몽중일여, 숙면일여 한 데서 깨쳐야지 그러지 않으면 깨친 것이 아니야. 내 법이 아니고 우리 불법의 근본이 거기에 서 있단 말이다!"

한번 생각해 봅시다. 공부가 안 되었으면서 깨쳤다는 것은 양심 없는 짓입니다. 질문에 대답하고 법문을 알고 하는 것이 문제가 아닙니다. 무슨 소리를 한다고 해도 소용없는 것이고 실제 내 공부가 문제입니다. 움직여 보면 알 수 있는 일입니다. 동정일여는 얘기할 때 밥 먹을 때를 얘기하는 것입니다. 아무리 분주하고 아무리 바쁘고 아무리 몸뚱이를 움직여도 그대로 끊어짐 없이 일여한 경계가 있습니다. 동정일여도 여간해서 되는 게 아닙니다.

그것도 어려운데 한 걸음 더 나아가서 몽중일여라면 그건 참 어려운 것입니다. 오매일여가 되었나 안 되었나 스스로 생각해 보고 양심을 속이지 말아야 합니다.

공부하라는 것은 내팽겨쳐 두고 무턱대고 무슨 한 생각 나면 한 소식 했다면서 다 알아 버렸다고 하고, 무슨 경계가 나타나면 부처님이나 달마스님보다 내 법이 더 깊다 그러면서 쓸데없는 망상을 가지는 사람한테는 반드시 이렇게 물어야 합니다.

"그러면 그 깨쳤다는 경계가 동중에도 일여하냐, 몽중에도 일여하냐, 잠 꽉 들어서도, 오매에도 일여하냐?"

그러면 다 무너지는 법입니다. 이것은 내 말이 아니고, 우리 불법 선가의 근본 생명으로 내려오는 것이니 그렇게 되도록 공부 얘기를 해야 합니다.

(2) 정(定)에 빠지는 것

이처럼 화두 공부 하다 생기는 큰 병이 바로 깨쳤다는 생각인데 이것 말고 또 다른 병이 바로 정(定)에 빠지는 것입니다. 정에 빠진다는 것은 아무런 마음의 작용이 없어진 고요한 상태에 빠져 헤어나올 줄 모르는 병입니다. 고요하고 편안한 마음 상태만 탐닉하는 것입니다.

예전에 내가 김용사 있을 때 어떤 처사가 찾아와서 도리사에서 6년을 공부하고 어디서 또 공부를 했다 하면서 공부를 많이 했다고 합니다. 많이 하다 보니 주변에 자기보다 더 잘 아는 사람도 없고 자기보다 더 크게 깨친 사람도 없고, 그래서 이제 스님도 상대하지도 않고 자기가 천하제일이라고 그러는 것입니다. 그러고는 자신의 어록을 만들어서 책을 가지고 다녔습니다. 이 처사는 누구의 말도 안 들으려고 하는데, 누가, 그러지 말고 나를 한번 찾아가 보라 했다고 합니다.

'그 사람이라고 별 수 있을까? 그래도 한번 가 보자.' 하는 마음으로 왔는데, 내가 보니 아만(我慢)*이 하늘을 찌를 듯 하였습니다. 처사의 말이, 자리에 떡 앉으면 정에 들어서 한 일고여덟 시간은 눈 깜짝할 새에 지나가 버린다면서 자기 경계를 큰스님한테 가서 물어봐도 아무도 모른다고 했다고 합니다. 아무도 자기 경계를 모르니 자기가 바로 견성했고 자기가 최고라는 것입니다. 신선이 이렇게 좋을 수 있으며 대통령이 이렇게 좋을 수 있냐며 자랑이 이만저만이 아니었습니다.

"그래! 참 공부 많이 했구만! 하지만 그건 정에 든 병이지 깨친 게 아니야. 꿈에도 그 경계가 있나, 없나?"

가만 있더니 꿈에는 없다 합니다. 그래서 호통을 치면서 몽둥이로 두들겨 패주었습니다.

"예이, 도둑놈의 자식아! 꿈에도 없는 것이 무슨 공부라고 네가 공부라 그래! 너도 생각해 봐라. 응? 공부라면 일여해야 된다. 동정에든지 몽중에든지 숙면에든지 일여해야지, 꿈에도 없는 그것 가지고 무슨 공부라고 해? 어디가 네가 천하제일이야?"

그래도 공부를 많이 하고 애쓴 사람이라 머리는 영리했습니다. 하지만 오기는 없었습니다. 자기가 어디 가서 조실할 것도 아니고 아들에게 살림 다 물려주고 공부만 하고 있는 형편인데, 내가 그리 호통을 치니 당장 잘못했다고 하였습니다.

"그렇게 알고 있는 네 경계가 천하제일인 줄 알았겠지만 사실 꿈에도 없으니 그건 공부가 아니야. 그럼 이제 어쩌겠나?"

"어쩔 것이 뭐 있겠습니까? 스님께서 지적해 주셨으니 스님 시키시는 대로 하겠습니다."

그러기에 삼천배 하고 새로 화두 배워서 새로 공부하라고 했습니다. 그 사람이 전에 하던 공부는 병만 악화시키지, 못 씁니다. 그래도 그 사람은 내 말 듣고 열심히 공부하는 모습을 보았습니다.

보통 공부 좀 한다 하는 사람들이 정에 드는 맛을 들이면 일고여덟 시간은 눈 깜짝할 새에 지나가 버리고 하니 천하에 제가 제일인 줄 아는 착각을 합니다. 조실스님이나 큰스님들에게 물어봐도 경계를 모르겠다 하니 제가 제일인 줄 아는 것입니다. 고작 꿈에도 없는 경계를 가지고 그러는 것입니다. 그래도 지금 얘기한 사람 같은 경우는 이해관계가 없기 때문에 양심적입니다. 재가인이니 어디에 가서 조실 자리 앉을 생각 없는 사람이기에 다행입니다. 만일 조실이나 그런 것에 이해관계가 있으면 절대 굽히지 않았을 것입니다. 그런 이해관계가 없으니 양심적으로 이야기하고 잘못했다 그런 것입니다. 이런 식으로 내게 절하고 새로 화두 배우는 사람들을 많이 만났습니다. 그런 사람들은 대부분 화두 방법이 잘못된 것입니다.

그저 '무, 없다' 하고 앉아 있으면 망상이 확 떨어지면서 정에 들어 버립니다. 몇 시간이 지나도 언제 지나갔는지 모르는 그걸 공부인 줄 착각합니다. 그런 사람에게 슬쩍 공부한 정도를 물어보면 잘 모릅니다. 깨치지도 못한 상태로 영원히 외도가 되어 버리는 것입니다.

그래서 화두를 들 때는 "어째서"를 꼭 붙이라고 말하는 것입니다. "어째서 무라고 했는가?" 이렇게 해야 정이 안 나타납니다. 오직 화두만 성성(惺惺)*하고 화두만 일여해야지 정이 나타나면 안 됩니다. 예전 조사 스님들도 그냥 '무' 하라는 말씀은 하지 않았습니다. 반드시 "조주스님이 어째서 무라 했는가?" 이렇게 말씀하셨습니다. 천하의 선지식 조사스님들이 공부하는 방법에서는 언제든지 화두할 때, '정전백수자'나 '마삼근'이나 뭐든 할 것 없이 "어째서"가 들어가야지, "어째서"가 들어가지 않고서는 공부가 안 된다고 하셨습니다. 이것이 근본 요령입니다.

또 흔히 화두 공부에 참구(參句)니 참의(參疑)니 하는 것을 거론하면서, 그냥 '무' 그냥 '정전백수자'니 이렇게 하면 그건 참구이고 "어째서"를 넣으면 참의라고도 하는데, 그건 말도 안 되는 이야기입니다. 참의니 참구니 하는 것은 나중에 깨친 사람이 깨친 자리에서 이런 말 저런 말 한 것이지, 공부하는 사람은 그런 말 하면 안 됩니다. 또 그냥 '무' 하면 활구(活句)이고 "어째서" 하면 사구(死句)라는 소리도 하는데, 이런 이야기는 화두를 꿈에도 모르는 소리입니다.

(3) 참구 중에 몸뚱이에 집착하는 것(호흡, 단전 등)

또 화두 하는 사람 중에 호흡을 하느니 단전을 관(觀)하느니 하는 사람도 있습니다. 그런데 단전을 관한다는 것은 상기병이 나서 머리가 아파 공부를 못할 적에 하는 것입니다. 그럴 때는 단전을 하면 좀 내려가기는 하지만 상기가 심하게 나면 아무리 단전을 해도 머리가 더 아파서 나중에 가서는 소용없습니다. 이렇게 병 생길까봐 단전을 관하고 그러는데 본래 호흡과 화두하고는 아무런 관계가 없습니다.

화두할 때는 화두만 부지런히 해서 몸뚱이가 있는지 없는지 그것도 잊어버려야 하는데, 호흡에 맞추고 단전에 맞추고 그러면 화두에 전념이 안 됩니다. 상기가 일어나서 단전을 하지 않으면 머리가 아파 화두 못하는 사람은 할 수 없어서 단전으로 처방하는 것이지 상기병이 없으면 화두할 때는 호흡 맞출 것도 없고 단전 맞출 것도 없고 오직 화두만 생각해야 합니다. 어째서 "무"라 했는지, 그것만 생각해야지, 몸뚱이 가지고 따지는 호흡 같은 건 신경쓰면 안 됩니다. 어떤 사람은 호흡을 이야기하면서 이럴 땐 이렇게 하고 저럴 땐 저렇게 하라고 하는데, 본래 우리 선문에서는 호흡 같은 것은 배척하는 법입니다. 이 생각 저 생각 하지 말고 오직 화두만 부지런히 해야 합니다.

참된
견성의
본질

중도를 깨달아야 한다

부처님이 도(道)를 이루고 난 뒤에 함께 수행하던 다섯 비구들에게 최초로 설법하셨는데 이것을 초전법륜(初轉法輪)이라고 합니다. 이 초전법륜의 가르침에는 여러 가지 중요한 불교의 근본교리가 들어 있지만 무엇보다도 중도를 제시하신 것이 가장 중요합니다. 특히 최초의 중도설은 수행자의 실천에 관계하여 제시된 것이라는 점을 명심해야 합니다.

그때에 세존(世尊)께서 다섯 비구에게 말씀하셨다.
"비구들이여, 세상에 두 변[二邊]이 있으니 출가자는 가까이 하지 말지니라. 무엇을 (그) 둘이라 하는가. (첫째는) 여러 욕망을 애욕하고 탐착하는 일은 하열하고 비천하여 범부의 소행이요, 현성(賢聖)이 아니고 의(義)에 상응하지 않는다. (둘째는) 스스로 번뇌하고 고뇌하는 일은 괴로움으로서 현성(賢聖)이 아니고 의(義)에 상응하지 않는다. 비구들이여, 여래(如來)는 이 두 변을 버리고 중도(中道)를 바르게 깨달았느니라. - 『율장』

어느 한 편으로 치우친 상대적인 견해를 말하는 두 극단[兩邊] 가운데는 선·악(善惡), 유·무(有無) 등 여러 가지가 있습니다. 그중에서 여기에서는 고(苦)와 낙(樂)을 예로 들었습니다. 인용한 경문에 있는 두 극단 중 첫 번째는 욕망에 탐착하는 욕락(欲樂), 즉 낙(樂)을 말한 것이고, 두 번째는 고행에 집착하는 괴로움, 즉 고(苦)를 말한 것입니다. 많은 출가자들이 세간의 향락을 버릴 줄만 알고, 고행하는 괴로움도 병인 줄 모르고 버리지 못하지만 참으로 해탈하려면 고(苦)와 낙(樂)을 다 버려야 한다는 것입니다. 그렇게 해서 바로 깨달은 내용이 중도라고 선언하신 것입니다.

중생이라는 존재는 참으로 바로 깨쳐서 해탈을 얻기 전에는 무엇을 대하든지 고(苦)가 아니면 낙(樂)이고 낙(樂)이 아니면 고(苦)라서 항상 양변에 머물러 있게 됩니다. 설사 열반(涅槃)을 성취하였다 하여도 열반의 낙에 머물면 그것도 병으로서 중도가 아닙니다. 고(苦)와 낙(樂)을 떠난다는 것은 세간의 고(苦)·낙(樂)이라든지 출세간의 낙(樂)이라든지 모든 집착을 완전히 떠나는 것을 말하며, 그 고(苦)와 낙(樂) 등 일체의 양변을 떠난 경계를 중도라 합니다. 이렇게 양변을 버리고 중도를 깨달았다는 이 초전법륜을 중도대선언(中道大宣言)이라고 합니다.

깨달음의 핵심이 중도에 있다는 것은 불교의 어느 사상을 막론하고 중요한 전제 조건입니다.

> 원교(圓敎)*란 이 중도를 나타내니 양변을 막느니라.

천태종 지자(智顗, 538~597)*대사의 말씀입니다. 불교의 최고 원리란 중도이며 그 중도의 내용은 양변을 다 막는 것이라는 설명입니다. 좀더 자세하게 설명한 것을 인용해 봅니다.

> 마음이 이미 맑고 깨끗해지면 양변을 다 막고, 바르게 중도에 들어가면 두 법을 다 비추느니라.

양변을 다 막는다[雙遮二邊]는 것은 상대모순(相對矛盾)을 다 버리는 것을 뜻합니다. 현실 세계란 전체가 상대모순으로 되어 있습니다. 물과 불, 선과 악, 옳음과 그름, 있음과 없음, 괴로움과 즐거움, 너와 나 등이 그것입니다. 이들은 서로 상극이며 모순과 대립으로서 투쟁의 세계입니다. 투쟁의 세계는 우리가 목표하는 세계가 아닙니다. 우리는 평화의 세계를 목표로 하여 살아가고 있습니다. 그러나 상극투쟁하는 양변의 세계에서 평화라는 것은 참으로 찾기 어렵습니다. 그러므로 참다운 평화의 세계를 이루고 진정한 자유를 얻으려면 양변을 버려 모순상극의 차별세계를 버려야 합니다. 양변을 버리면 두 세계를 다 비추게[雙照二諦] 되는 것입니다. 다 비춘다는 것은 서로 통한다는 뜻이니 선과 악이 통하고 옳음과 그릇됨이 통하고 모든 상극적인 것이 서로 통하는 것을 말합니다.

우리는 그것을 둘 아닌 법문[不二法門]이라고 합니다. 선과 악이 둘이 아니고, 옳음과 그릇됨이 둘이 아니고, 괴로움과 즐거움이 둘이 아닙니다. 둘이 아니면 서로 통하게 되는 것이니 서로 통하려면 반드시 양변을 버려야 합니다.

화엄종의 의상(義湘, 625~702)*스님도 이렇게 말씀하셨습니다.

> 구경에 실제인 중도의 자리에 앉으니
> 예로부터 움직임이 없어 부처라 한다. - 『법성게』

곧 중도를 바로 깨친 것이 부처라는 말입니다. 그러니 최고의 교학을 가르키는 원교(圓敎)는 중도와 같은 말이며, 중도를 바로 깨친 사람을 부처라고 한다는 것입니다.

곧 비춰서 막고 곧 막아서 비추어 양변을 다 막고 양변을 다 비추어 둥글고 밝게 일관하면 화엄종취에 계합하느니라.

청량(淸涼, 738~839)˙스님이 현수(賢首, 643~712)대사의 『탐현기(探玄記)』˙에 있는 여러 이론을 종합해서 내린 화엄종취의 최후 결론 부분입니다. 양변을 버리면서 양변이 융합하고, 양변이 융합하면서 양변을 버리는 쌍차쌍조(雙遮雙照)가 바로 화엄종의 종지라는 것입니다. 결국은 천태종이나 화엄종이나 서로 다 막고 서로 다 비추는 쌍차쌍조를 내용으로 하는 중도가 바로 불교 최고 원리라고 하는 점에는 다르지 않습니다.

쌍차(雙遮), 즉 양변을 막는다는 것은 양변을 떠나는 것을 말하며, 쌍조(雙照), 즉 양변을 비춘다는 것은 양변이 완전히 융합하는 것을 말합니다. 양변이란 모두 변견인데 변견을 버리면 중도(中道)입니다. 비유하자면 하늘에 구름이 걷히면 푸른 하늘에 해가 그대로 드러난 것이고, 해가 완전히 드러나 있으면 구름이 완전히 걷힌 것입니다. 그러므로 구름이 걷혔다는 것은 해가 드러났다는 말이며, 해가 드러났다는 것은 구름이 걷혔다는 말과 같습니다.

쌍차(雙遮)란 양변을 완전히 떠난 것이니 구름이 걷혔다는 말이고, 쌍조(雙照)란 양변이 서로 융합한다는 것이니 해가 드러나 비친다는 말입니다. 그러므로 구름이 걷혔다는 것은 바로 해가 드러난 것이며, 해가 드러났다는 것은 구름이 걷혔다는 것입니다. 그러니 쌍차가 바로 쌍조이며 쌍조가 바로 쌍차입니다.

그러면 선종(禪宗)은 어떠했는지를 살펴보겠습니다.

육조스님께서 입적(入寂)하실 때에 제자들에게 말씀하셨습니다.

> 너희들은 보통 사람들과는 달라야 하니 내가 입멸하고 난 뒤에도 각각 한 곳의 스승이 되어야 한다. 내가 지금 너희들에게 법문하는 방법을 가르쳐 선종의 근본 종지를 잃지 않게 하겠노라. 모름지기 3과법문(三科法門)과 동용삼십육대(動用三十六對)를 들어서 말하리니 나오고 들어감에 양변을 떠나고 일체 법을 설할 때에 자성을 여의지 말라. 혹 어떤 사람이 와서 너희에게 법을 묻거든 모두 쌍(雙)으로 하여 대법(對法)으로 말하고, 오고 감에 서로 원인이 되어 마침내는 두 법을 모두 없애어 다시 갈 곳이 없게 하라. ─ 『육조단경』

육조스님께서 말씀하신 '나오든지 들어가든지 간에 양변을 떠나라' 하신 그 근본 뜻은, 무슨 법문을 하든지 양변을 떠나서 법문을 해야지 양변에 머물러서 법문해서는 안 된다고 하신 말씀이며, 한쪽에 치우치면 불법(佛法)이 아니라는 뜻입니다.

'쌍(雙)으로 하여 대법(對法)으로 말하라'고 하신 것은 누가 법을 물어 오면, 예컨대 누가 있음[有]을 물으면 없음[無]을 들어 쌍(雙)으로 대답하여 언제든지 상대(相對)로 말하라는 것입니다.

'가고 옴에 서로 원인이 되게 하라' 하신 뜻은 있음[有]이란 없음[無]이 있기 때문에 있음[有]이 있고, 없음[無]이란 있음[有]이 있기 때문에 없음[無]이 있다는 것입니다. 모름지기 세간의 법은 모두가 상대법이어서 독립적으로는 성립되지 않습니다. 상대법이란 결국은 영원한 것이 아니라 나타났다가 사라지는 것입니다. 이것은 불법(佛法)이 아니기 때문에 구경에 가서는 두 법[二法]을 모두 버려 양변을 떠나 버린다는 것입니다.

'다시 갈 곳이 없게 하라' 하신 뜻은, 그렇게 해서 상대법이 다시는 발도 못 붙이게 뿌리를 뽑아 버려야 한다는 것입니다. 있음[有]과 없음[無]을 완전히 버리면 오고 감에 서로 원인이 되어서 중도(中道)를 이룬다는 말입니다. 양변을 완전히 떠나는 것이 중도이므로 한쪽에 머무른다면, 있음에 머물든지 없음에 머물든지 간에 한쪽으로 머물러 집착하게 되면 그것을 변견(邊見)이라고 합니다. 변견이란 치우친 생각이기 때문에 불법이 아닙니다. 그렇기 때문에 불법은 양변을 떠나 중도를 성취하여야 합니다. 그러므로 누구에게 설법을 할 때에도 중도에 의거해서 설법을 해야지 중도를 벗어난 설법을 하면 불법의 종지(宗旨)를 잃어버리게 된다는 뜻입니다.

그 이후 선가에서도 조사스님이 많이 나오고 깊은 법문이 많았지만 그 표현방법은 달라도 육조스님의 마지막 말씀과 같이 중도라는 근본 종지를 벗어나서 설법을 한 사람은 한 사람도 없습니다. 육조스님의 가르침을 충실히 실천한 사람들입니다.

먼저 선종 종파 가운데서도 제일로 하는 임제종의 개조(開祖)인 임제스님*은 중도를 어떻게 표현하고 있는가 한번 살펴보고자 합니다. 어떤 스님이 임제스님에게 물었습니다.

"어떤 것이 참다운 부처이며 참다운 법이며 참다운 도인지 대답해 주시기를 바랍니다."
"부처란 마음이 청정함이요, 법이란 마음이 광명함이요, 도란 어디에서나 청정과 광명이 걸림이 없음이다." - 『임제록』

임제대사가 불·법·승(佛法僧) 삼보를 설명하기를 마음 청정함이 부처요, 마음에 광명이 비침이 법이요, 청정과 광명이 걸림이 없음이 도, 즉 승이라 하였습니다.

　마음이 청정하다는 것은 일체 차별 망견을 다 버리는 것을 말하니 쌍차로서 망상의 구름이 다 걷혔다는 것입니다. 마음에 광명이 비침이란 망상의 구름이 다 걷히면 거기에 무한한 광명이 비칠 것은 자연의 이치이니 쌍조입니다. 청정과 광명이 걸림이 없음은 청정할 때 광명이 나타나고 광명이 나타날 때 청정하여 청정과 광명이 서로 둘이 아님을 말하며 차조동시(遮照同時)입니다.

　도(道)란 승(僧)을 말하며 승이란 본래 화합(和合)을 뜻하니 서로서로 합심하여 화목하게 잘 지내는 것을 말하지만 근본은 청정과 광명이 걸림 없음을 증득한 사람만이 승이라는 자격을 가질 수 있습니다. 중도를 깨치지 못하면 승이 아니니 모든 차별·변견에 집착해 있기 때문입니다. 이와 같이 선종에서도 표현은 다르지만 육조스님이 유촉하신 대로 중도에 입각해 있다는 것은 명백하다 하겠습니다.

　다음으로 마조(馬祖)스님의 말씀입니다.

　만약 도(道)를 알려고 한다면 평상심(平常心)이 도(道)이다. 평상심이란 조작(造作)이 없고 시비(是非)가 없고 취사(取捨)가 없고 범성(凡聖)이 없고 단상(斷常)이 없다. 경에서도 "범부행(凡夫行)이 아니며 현성행(賢聖行)도 아닌 것이 보살행이니라"라고 하셨다. 단지 지금과 같이 행주좌와(行住坐臥)와 응기접물(應機接物)할 때 전체가 다 도(道)이다. 도(道) 이대로가 법계(法界)이니 내지 항하사 같은 묘한 작용이 법계를 벗어나지 아니한다. 만약 그렇지 않다면 어찌 이것을 심지법문(心地法門)이라 하며 무진등(無盡燈)이라 할 것인가? 일체 만법이 다 심법(心法)이요 모든 이름이 심명(心名)이니 만법이 마음을 따라서 일어난다. 마음이란 만법의 근본이다. 경에 말씀하셨다. "마음을 알아 본원(本源)에 통달하는 까닭에 사문(沙門)이라 한다." - 『마조어록』

도(道)란 평상심(平常心)을 말합니다.

평상심이 도이다[平常心是道]라고 하니까 평상심이란 일상 보통의 마음을 말하는 것이므로 옷 입고 밥 먹고 성내고 좋아하는 마음 그대로의 활동이 도라고 쉽게 생각해 버립니다. 마조스님이 말씀하시는 평상심(平常心)이란 조작이 없고 시비도 없고 취사도 없고 범부와 성인과 단멸과 상주가 없는 마음이라고 했으니, 이것은 곧 양변을 여읜 중도가 평상심이라는 말입니다. 생멸심을 가리켜 평상심이라고 한 것은 아닌 줄 분명히 알아야 합니다. 가거나 머무르거나 앉거나 눕거나[行住坐臥], 기틀에 대응하고 물건을 접촉함[應機接物]이 모두 다 도라고 하는 것은 중생의 업식망

견(業識妄見)을 말하는 생멸심이 아니고 진여대용(眞如大用)을 말하는 것입니다. 흔히 마조스님이 말씀한 도란 생멸견해라고 잘못 오해하는 사람이 많이 있으나 그것은 양변을 여읜 중도(中道)를 도라고 한 마조스님의 뜻을 모르고 하는 말입니다.

도 이대로가 법계라 하였습니다. 법계란 연기를 말하는 것이고 연기는 중도입니다. 일체법이 마음법이라고 하는 이 마음이란 자성이라 해도 진여라 해도 뭐라 이름 붙여도 괜찮은데 양변을 여읜 중도, 즉 불성(佛性)입니다. 그래서 천태종에서 주장하는 한 개의 색, 한 개의 향이 중도 아님이 없다[一色一香無非中道]는 것과 같은 말이며 진진찰찰(塵塵刹刹)이 중도 아님이 없다는 것이니, 이 마음이라는 것이 중도불성에 입각해 있다는 것을 알아야 합니다. 이러한 마음을 알아 본원에 도달한 사람, 즉 중도를 정등각한 사람이 사문의 자격이 있는 사람입니다. 즉 출가한 사람은 누구든지 평상심, 말하자면 양변을 여읜 중도를 깨쳐야지 이것을 깨치기 전에는 사문의 자격이 없는 것입니다.

백장스님은 마조(馬祖)스님의 제자입니다. 마조스님 제자 가운데 뛰어난 제자가 많았지만 그 중에서 마조정안(馬祖正眼)을 전해 받은 사람은 백장스님이라고 말하고 있고 또 마조의 제자 가운데 후세의 선가(禪家)에 가장 많은 영향을 끼쳤습니다. 스님은 선문에 들어오기 전에 경·율·론의 삼장에 능통하였을 뿐만 아니라 박학다문하였습니다. 스님의 말씀입니다.

> 있음[有]과 없음[無]에 떨어지지 아니하니 누가 감히 화답하리오.
> 일체의 있음[有]과 없음[無] 등의 견해가 전혀 없고 또한 없다는 견해도 없는 것이 불법을 바로 보는 견해라고 한다. 있음[有]과 없음[無]을 보지 아니하면 곧바로 부처님의 참 모습을 보느니라. – 『백장록』

있다[有], 없다[無]고 함은 있다, 없다는 한쪽만을 가지고 말하는 것이 아니라, 예를 들어 말하는 것으로 변견을 버린다는 뜻입니다. 왜 하필이면 있음과 없음을 말하느냐 하면 이 있음과 없음이라는 것에 모든 견해가 귀착되기 때문입니다. 그래서 변견을 말할 때 있음과 없음을 예로 많이 드는 것입니다. 또 일체의 있음과 없음의 두 견해 등이 없다고 하면 또 없다는 것에 집착하게 되니 없다는 그 생각이 있으면 그것도 변견이므로 없다[無]는 견해도 고집하면 안 된다고 하고 있습니다.

다음은 마조스님의 제자인 대주혜해(大珠慧海)*스님입니다. 대주스님이 처음 마조스님을 찾아가 뵈었을 때 마조스님이 물었습니다.

"어디서 오는가?"

"월주 대운사에서 왔습니다."

"여기 와서 무엇을 구하려고 하는가?"

"불법(佛法)을 구하러 왔습니다."

"자기 집의 보배창고는 돌아보지 않고 집을 떠나 사방으로 돌아다니면서 무엇을 구하려 하는가? 나에게는 한 물건도 없는데 어떤 불법(佛法)을 구하려 하는가?"

그러자 혜해스님이 절을 하고 물었습니다.

"어떤 것이 혜해 자신의 보배창고입니까?"

"지금 나에게 묻고 있는 것이 너의 보배창고이다. 일체가 구족하여 조금도 모자람이 없고 사용(使用)이 자재한데 어찌하여 밖에서 구하려 하는가?"

이 말끝에 혜해스님은 크게 깨쳐서 자기의 본래 마음을 알았습니다. 스님은 뛸 듯이 기뻐서 절을 올려 감사를 드리고 6년 동안 마조스님을 시봉하였습니다. 마조스님의 84명 큰 제자 가운데 가장 뛰어났다고 하는 분이 대주스님입니다. 스님의 말씀입니다.

"어떤 것이 중도(中道)입니까?"

"중간이 없으며 또 양변이 없는 것이 중도이니라."

"어떤 것이 양변입니까?"

"저 마음이 있고 이 마음이 있음이 곧 양변이다. 밖으로 소리와 색(色)에 묶이는 것을 저 마음이라 하고 안으로 망념이 일어나는 것을 이 마음이라고 한다. 밖으로 색에 물들지 아니하면 저 마음이 없다고 하고 안으로 망념이 일어나지 아니하면 이 마음이 없다고 하는데 이것이 양변이 없는 것이다. 마음에 이미 양변이 없거니 중간이 어찌 있을 수 있겠는가. 이와 같이 얻은 것을 중도(中道)라 하며 참 여래도(如來道)라 한다. 여래도란 일체 깨친 사람의 해탈경계이니 경(經)에 이르되 '허공이 가운데도 없고 가장자리도 없으니 모든 부처님 몸도 또한 그렇다' 하였다. 그러므로 일체 색이 공(空)이라고 하는 것은 모든 곳에 무심함이며, 모든 곳에 무심함이란 즉 일체 색의 성품이 공함이니 두 가지 뜻이 다르지 아니하다. 색이 공했다고 하며 또 색에 법(法)이 없다고 한다. 만약 네가 모든 곳에 무심함을 떠나서 보리·해탈·열반·적멸·선정·견성을 얻으려고 한다면 틀린 것이다." － 「돈오입도요문론」*

중도란 중간도 없고 또 양변이 없는 것입니다. 양변을 여의면 중간이 설 수 없습니다. 이것을 중도라고 합니다. 무엇을 양변이라 하는가. 피차심(彼此心)이 있는 것이 양변이니 예를 들면 주관과 객관을 말하는 것입니다. 밖으로 성색 경계에 속박되는 것을 저 마음[彼心]이라 하고 안으로 망념이 일어나는 것을 이 마음[此心]이라 하는데 밖으로 성색에 물들지 아니하고 안으로 망념이 일어나지 않는 것, 즉 인·경(人境)을 함께 없애면 이것이 양변이 없는 것이라고 합니다. 경(境)이 즉 심(心)이고, 심(心)이 즉 경(境)이기 때문에 가운데 또한 어찌 있을 수 있겠습니까.

마음이 이렇게 된 사람을 중도를 깨친 사람이라 하고 이를 여래도라 하고 조사도라고 합니다. 이것이 모든 부처님의 몸이고 불도를 증등각한 심지(心地)입니다. 그러므로 일체 색(色)이 빈 사람은 일체 심(心)도 공합니다. 결국 피심과 차심이 없는 동시에 일체 색이 공이 되고 일체법이 공이 되며 따라서 색공(色空)인 동시에 법공(法空)입니다. 이것이 일체처에 무심(無心)입니다. 유심·무심을 다 떠났으니 진무심(眞無心)이라 합니다. 즉 중도무심입니다.

어떻게 하면 부처님의 참 몸을 볼 수 있는가. 유·무를 보지 않는 것이 부처님의 참 몸을 보는 것입니다. 왜 유·무를 보지 않는 것이 부처님의 참 몸을 보는 것인가. 유는 무를 원인으로 하여 설 수 있고 무는 유에 의해서 나타납니다. 본래 유를 세우지 아니하면 무도 또한 있을 수 없고 이미 무가 있을 수 없으면 유를 어디서 얻을 수 있겠는가. 유와 무가 서로 의지해서 있으니 이것은 이미 의지해서 있으므로 모두 생멸입니다. 다만 양 견해를 떠나면 곧 부처님의 참 몸을 볼 수 있는 것입니다.

내가 중도, 중도 하니 어디 말뚝 박히듯이 박혀 있는 것으로 생각할지 모르나 자로 선을 긋듯이 분명하게 한가운데라는 것이 아닙니다. 표현하자니 '가운데[中]'라 하는 것입니다. 가운데서도 설 수 없는 그것을 억지로 이름 붙여 가운데라 하는 것이지 가운데에 설 수 있는 곳이 있다면 그것도 집착이며 변견이 되고 맙니다. 이처럼 큰스님들도 불법(佛法)의 근본을 말할 때는 양변을 떠난 중도(中道)를 밝히신 것을 확실히 알 수 있습니다. 그러니 표현의 차이는 있어도 부처님께서 깨달으신 중도를 모든 불교가 잇고 있다는 점을 분명히 알아야 합니다. 결국 불교에서 깨달았다는 것은 중도를 깨달았다는 말입니다.

견성이 바로 성불이다

　　　　　　중도(中道)는 생과 멸을 따르지 않는 우주의 근본이치이고, 또한 '불성(佛性)', '법성(法性)', '자성(自性)', '진여(眞如)', '법계(法界)*', '마음' 등 여러 가지로 표현되기도 합니다. 따라서 중도란 곧 마음자리를 말하는 것이고, 중도를 깨쳤다는 것은 우리의 '마음자리', '근본자성'을 바로 보았다는 말로서 이것을 견성(見性)이라 합니다. 따라서 견성이란 근본 마음자리를 확연히 깨쳐, 즉 중도의 이치를 깨달아 부처가 되었다는 뜻으로 쓰는 말입니다. 한데 요즘 항간에서 견성이란 단어를 사용하는 사례들을 살펴보면 견성의 본뜻과 거리가 먼 경우가 허다합니다.

　　예를 들자면 유럽을 여행하다가 일본인이 운영하는 선방을 견학하고 온 사람이 이런 이야기를 들려준 적이 있습니다.

많은 유럽인들이 선방에 모여 참선을 하고 있는데, 찬찬히 둘러보니 그 좌석배치가 견성한 사람의 좌석과 견성하지 못한 사람의 좌석으로 나눠져 있더랍니다. 게다가 견성한 사람이 앉는 좌석에 견성하지 못한 쪽 못지않게 많은 사람들이 앉아 있더라는 것입니다. 견성한 사람이 그렇게 많은 것이 하도 신기해 "당신 정말로 견성했습니까?" 하고 물어보았더니, 스승으로부터 인가를 받았다는 것입니다. 그래서 도대체 무엇을 깨닫고 무엇을 인가받았냐고 되물었더니, 자기는 스승으로부터 점검을 받고 무자화두(無字話頭)를 참구해도 된다고 허락받았다는 것입니다. 그래서 자기는 지금 "무!" 할 줄 안다고 대답하더랍니다. 그러니 결국 그들이 말하는 견성한 사람과 견성하지 못한 사람의 차이는 "무!" 할 줄 아는 사람과 "무!" 할 줄 모르는 사람의 차이였던 것입니다. 이는 일본사람들이 가르치고 있는 선에만 국한된 문제가 아닙니다. 이런 어처구니없는 현상들이 우리나라에서도 도처에서 벌어지고 있습니다.

흔히 참선하다가 기특한 소견이 생기면 그것을 두고 "견성했다"거나 "한 소식 했다"고들 하는데 정작 만나서 살펴보면 견성하지 못한 사람하고 똑같습니다. 과연 무엇을 깨쳤나 점검해 보면 제 홀로 망상에 휩싸여 생각나는 대로 함부로 떠드는 것에 불과합니다. 견성에 대한 그릇된 견해와 망설은 자신만 그르치는 것이 아니라 선종의 종지(宗旨)를 흐리고 정맥(正脈)을 끊는 심각한 병폐입니다.

견성하면 곧바로 부처라는 것은 선종의 명백한 종지입니다. 하지만 "견성하고 나서 부지런히 갈고닦아 부처가 된다"고 알고 있는 사람들이 많습니다. 부산에서 서울 가는 일로 비유를 들자면 저 삼랑진쯤이 견성이고, 거기서 길을 바로 들어 부지런히 달려 서울에 도착하는 것을 성불로 생각합니다. "견성한 뒤 닦아서 부처가 된다"는 것은 견성의 내용을 몰라서 하는 말입니다. 서울 남대문 안에 두 발을 들이고 나서야 견성이지 그 전에는 견성이 아닙니다. 견성하면 그대로 부처지, 닦아서 부처 된다고 하는 이는 제대로 견성하지 못한 사람입니다.

부처님 팔만대장경은 중생들의 병을 치유하기 위한 약방문입니다. 환자야 약방문이 필요하지만 병의 근본뿌리까지 완전히 제거한 이에게 무슨 약방문이 필요하겠습니까? 진여자성을 확연히 깨달아 무심의 경지에 이른 사람, 즉 성불한 사람에게는 어떤 가르침도 어떤 수행도 필요하지 않습니다. 부처님의 팔만대장경도 조사의 1,700공안도 모두 필요 없는 그런 사람이 견성한 사람입니다. 역으로 가르침이 필요하고 수행이 필요하다면 그는 구경무심(究竟無心)을 체득하지 못한 사람이고 견성하지 못한 사람입니다. 제8아뢰야식의 근본무명까지 완전히 제거되어 구경의 묘각을 성취한 것이 견성이지 그러기 전에는 견성이라 할 수 없습니다.

종파를 초월해 대조사로 추앙받는 마명(馬鳴)˙보살의 『대승기신론』˙은 대승의 표준이 되는 불교총론으로 공인된 책입니다. 『기신론』에서도 "10지보살을 지나 등각의 금강유정(金剛喩定)˙에서 6추는 물론 3세의 미세한 망념까지 완전히 끊어져야 그때 견성한다."고 하면서 미세한 망상이 완전히 제거된 묘각, 즉 구경각(究竟覺)만이 견성임을 분명히 하였습니다.

『육조단경(六祖壇經)』은 견성을 종취로 하여 법을 설했습니다. 그 중심사상은 '마음을 알아서 성품을 본다[識心見性]'는 것인데 마음을 안다는 것이 견성한다는 것이고 견성한다는 것은 마음을 안다는 것이니 마음과 다르게 성품이 없고 성품과 다르게 마음이 없다는 말입니다. 여기서 마음이란 진여심(眞如心)을 말하고 성품이란 불성(佛性)을 말합니다. 또 진여심이란 유·무의 대립을 여읜 중도입니다. 우리가 마음을 안다든지 성품을 본다든지 하는 것은 바로 유·무를 여읜 중도를 아는 것이며 중도를 본 사람이 부처님 도를 성취한 사람입니다.

누구나 공부를 한다거나 법문을 듣는다거나 무슨 기연을 만나 어떤 기회에 즉시로 크게 깨친다는 것은 자기의 본래 마음을 본다는 것이지 다른 것이 아닙니다. 부처님이나 중생이나 다 같이 가지고 있는 본래 마음, 즉 본래 가지고 있는 불성[本有佛性]을 얻는 것이지 깨쳤다고 해서 딴 것을 얻는 것이 아닙니다. 다만 나에게 있는 물건을 도로 찾았을 뿐입니다. 육조스님도 "내가 5조 홍인화상 밑에서 한번 듣고 말끝에 크게 깨쳐서 진여본성을 찰나간에 보았다."고 하였습니다. 진여본성을 찰나간에 보았다고 하였는데 찰나간[頓]이란 시간 간격을 두지 않는 눈 깜짝할 사이를 말합니다.

견성했다고 하면서 정을 닦느니 혜를 닦느니 하는 것은 아직 미세망상이 남아 있는 것입니다. 그건 견성이 아닙니다. 더 이상 배우고 익힐 것이 없는 한가로운 도인, 해탈한 사람이 되기 전에는 견성이 아닙니다. 이것이 내가 말하는 화두 참구법의 근본사상입니다.

견성하면 곧 성불이라고 일러주면 "육조스님도 16년 동안 보임하셨는데 무슨 가당치 않은 말씀입니까?" 하고 반박하는 이들이 있습니다. 그러나 『육조단경』을 살펴보면 오조도 육조를 인가할 때, "견성하면 곧 천인사·불(天人師佛)"이라고 말씀하셨지 견성했으니 더욱 부지런히 갈고 닦아 다음에 성불하라고 말씀하진 않으셨습니다. 견성을 하면 부처님 경계를 볼 수 있는 것이고 부처님 지위에 이른 것이니 결국은 성불이 견성이고 견성이 성불입니다. 그래서 누구든지 견성하면 이것이 바로 성불인 것입니다.

육조 혜능대사가 오조 홍인(弘忍, 594~674)*대사로부터 인가를 받고 16년 동안 숨어산 일을 두고 "오조 회하에서 견성하고 16년 동안 보임한 것이다." 하고 주장하는 것은 정말 어처구니없는 망설입니다. 당시 가사와 발우를 전해 받은 혜능스님을 시기 질투한 무리들이 육조를 시해하려고까지 했었습니다. 그들을 피해 법을 펼 적절한 시절이 도래하기를 기다린 것이지 부족한 공부를 무르익게 하려고 숨어 지낸 것이 아닙니다.

또 혹자는 달마스님이 소림굴에서 9년 동안 면벽한 일까지도 보임한 것이라고 말합니다. 그럼 달마스님이 인도에서 중국으로 넘어올 때는 아직 성불하지 못했다는 말입니까? 그것 역시 때를 만나지 못해 숨어 지낸 것이지 남은 공부가 있어 숨어 지낸 것이 아닙니다. 여러 전적들이 증명하다시피 달마스님이 중국으로 넘어오기 전에 스승으로부터 인가받고 성불한 것은 의심의 여지가 없는 사실입니다.

육조 혜능대사로부터 바로 이어온 선문의 종지는 일초직입여래지(一超直入如來地)입니다. 한번 깨치면 3현 10지*의 지위점차를 초월해 곧장 여래의 지위로 들어가는 것입니다. 그러면 혹자는 "3현 10성의 지위를 거치는 데에도 3아승지겁의 세월을 지나야 한다고 했는데 그 긴 세월을 어떻게 단박에 뛰어넘을 수 있겠는가?" 하고 의심하며 믿으려 들질 않습니다. 그러나 비행기를 생각해 봅시다. 부산에서 타면 눈 깜짝할 사이에 서울입니다. 아마 100년 200년 전 사람이 비행기 얘길 들었으면 미친 소리라 했을 것입니다. 그러나 네가 옳니 내가 옳니 이렇다 저렇다 말씨름할 것 없이 직접 비행기를 타 보면 압니다. 자기 경험과 소견에 맞지 않는다고 이런 저런 의심으로 믿질 않는데, 하지 않는 것이 문제일 뿐 하면 됩니다. 단박에 여래의 땅을 밟는 이런 묘방이 있음을 알고 속는 셈 치고라도 한번 해 봅시다. 해 보면 부처님 말씀이 거짓이 아니고 역대 조사스님들의 말씀이 거짓이 아니고 해인사 노장의 말이 거짓이 아니었음을 스스로 알게 될 것입니다. 고불고조의 분명한 말씀을 확실히 믿고 화두를 부지런히 들어 비행기 타고 서울 가듯 자성을 확연히 깨쳐 단박에 다 같이 성불합시다.

견성은 무념무심

성문은 부처님 마음을 알지 못하니 헛된 선정(禪定)에 머물러 있다. 모든 보살은 공(空)에 빠지고 고요함에 머물러서 불성을 보지 못한다. 상근기의 중생은 지위를 거치지 않고 찰나간에 본성을 깨친다.

견성이 성불임을 강조하는 마조스님의 말씀입니다.
성문·연각이나 보살들이 공(空)에 빠지고 고요함에 머물러 있어서[沈空滯寂], 제8아뢰야식에 머물러 있으니 이것은 견성이 아니라는 말입니다. 오직 상근(上根) 중생이 수행 단계를 뛰어넘어 자기 본성을 보게 되니 이것이 바로 성불입니다.

'공에 빠지고 고요함에 머물러 있다는 것'은 제8아뢰야식이 작용하고 있는 단계를 말합니다. 성문승뿐만 아니라 보살 수행을 마친 자재위보살도 이런 병통을 가지고 있습니다.

구경각을 성취해야 불성을 볼 수 있는 것이지 성불하기 전에는 불성을 볼 수 없습니다. 그러므로 10지보살도 견성이 아닙니다. 10지보살이 수행단계를 마쳐서 미세망념까지 완전히 벗어나 구경각을 성취하면 이것이 견성입니다. 따라서 견성이란 바로 구경각이며 제8아뢰야식의 미세망념까지도 떠나고 10지등각보살의 단계도 넘어서야 한다는 뜻이 포함되어 있습니다.

지금까지 본 것처럼 선이나 교나 할 것 없이 견성이 바로 성불이고, 성불이 바로 견성이라고 누누이 강조하고 있습니다.

견성을 했다는 것은 진여본성을 깨쳤다는 말인데 진여본성이란 어떤 것이겠습니까? 진여본성이란 억지로 말하려고 하니까 진여(眞如)라 하는 것이지 말로써 세울 수 있는 것이 아닙니다. 오직 스스로 증득해서 깨쳐야만 알지 깨치기 전에는 모르는 것입니다. 진여니 법계니 심지(心地)니 하고 말하기는 하나 이는 중생을 위한 방편으로 이름을 붙인 것이지 이름이 있다고 무슨 물건이 있는 듯이 알면 큰 오해입니다.

결국 자성을 깨친다고 하는 근본은 진여무념을 깨친 것이 견성이고 성불입니다. 진여무념을 깨치기 전에는 견성이라 할 수 없고 성불이라 할 수 없습니다. 그런데 하물며 늘 망상이 들끓고 있는 생멸심만 가지고 견성·성불했다고 한다면 안 될 일입니다. 『육조단경』의 말씀입니다.

> 만약 본래 마음을 알면 이것이 바로 본래 해탈이요, 이미 해탈을 얻으면 이것이 바로 반야삼매(般若三昧)*이고 무념(無念)이다. 무념법을 깨치면 만법을 두루 통달하고, 무념법을 깨친 사람은 모든 부처님 경계를 보고 부처님 지위에 이른다.

여기서 말하는 무념(無念)이 바로 제8아뢰야식의 망념까지도 다 떨어진 구경의 진여무념입니다. 이 무념이란 제8아뢰야식이 잠시 작용을 쉬고 있는 무기*무념(無記無念)이 아니라 진여본성이 나타나는 무념입니다. 제8아뢰야의 무기무념으로는 진여의 작용이 나타나지 않습니다. 10지·등각의 대보살이 견성을 하지 못한 것은 제8아뢰야식의 작용이 쉬고 있는 단계인데도 그것을 잘못 알아 그 고요함에 빠져 있기 때문입니다. 그런 고요함이 얼핏 무념과 비슷한 것처럼 느끼기 때문에 이런 착각을 하는 것입니다.

진여무심은 무주심(無住心), 즉 머무를 수 없는 마음이어서, 여기에는 부처도 머무를 수 없고 조사도 머무를 수 없고 진여무념이라고 이름할 수도 없으며, 마치 사람이 물을 마셔 보고 차고 더운 것을 아는 것과 마찬가지로 오직 증득해야 알지 증득하기 전에는 모릅니다. 무념을 으뜸[宗]으로 삼는다고 말하면 말뚝같이 무엇인가를 세워 놓고 으뜸[宗]을 삼는다고 오해하기 쉬워서 무념도 세울 수 없다고 한 것입니다. 즉 참다운 무심이란 각종의 유심(有心)이 다 없어져 무심이란 명칭까지도 붙을 자리가 없는 그런 경지를 두고 하는 말입니다.

언젠가 어떤 사람이 찾아와 자기는 정말로 무심을 증득했으니 인가해 달라고 따라다니며 귀찮게 한 일이 있었습니다. 하지만 나는 그런 사람들은 인가는커녕 말을 끝까지 들어주지도 않습니다. 들을 필요도 없습니다. 그런 것은 무심이 아니라 유심이기 때문입니다. 그것도 쉽게 고칠 수 없는 아주 고약한 유심입니다. 금덩어리처럼 귀하게 여기며 자신의 소견을 힘주어 피력하는데 가만히 들어보면 고약한 냄새가 펄펄 풍기는 똥덩어리입니다. 유심과 무심의 차이를 분명히 알아 함부로 무심을 거론하지 말아야 합니다.

어떤 사람은 무심(無心)을 '마음이 없다', 또 무념(無念)을 '생각이 없다'고 해석하는 것을 보았는데 '없다'고만 하면 그것은 또 하나의 편견을 만드는 일입니다. '없는 마음[無心]'이라 해야 하고 '없는 생각[無念]'이라 해야 합니다. 모든 번뇌가 없고 두 가지 상이 없는 생각이니 이 생각은 진여의 작용입니다. 즉 무념이라는 것은 상대적인 양변이 떨어진 진여의 생각이니, 이것이 바로 '동시에 없애면서 동시에 드러내는[雙遮雙照]' 중도정각입니다. 그러니 무념이 바로 중도이고 중도가 바로 무념이며, 진여가 바로 무념이며 무념이 바로 진여입니다. '무념'에서 '무'는 생멸의 상대적인 양변을 완전히 떠나므로 '동시에 없애는 것[雙遮]'이 되고, '념'은 '동시에 드러내는 것[雙照]'이 되어 진여의 무한한 작용이 여기에서 나타나는 것입니다. 비유하자면 '무'는 구름이 걷힌 것을 말하고, '념'은 해가 환히 비추는 것을 말합니다. 구름이 걷히듯 일체 망념이 완전히 제거되면 태양이 밝게 비추듯 자기의 본래 성품인 진여가 저절로 환히 드러납니다. 따라서 진여의 정념(正念)이 무념이지 목석과 같은 것이 아님을 알아야 합니다.

이처럼 견성성불의 근본이 무념을 성취하는 데 있기 때문에 육조스님이 무념을 으뜸[宗]으로 한다고 말씀하셨습니다. 무념이라고 하여 아무것도 없이 텅 빈 상태를 말하는 것이 아니고 모든 두 가지 상이 다 떨어진 동시에 그 자리에서 진여의 작용이 일어나는 무념을 말합니다. 그저 텅 빈 것이 아니라 일체 만법이 모두 갖추어져 있다는 것입니다. 중생의 눈으로 볼 때는 일체 만법이 동요하고 있겠지만 자성을 깨친 정견(正見)으로 보면 진여의 작용뿐이어서 일체 만법이 구족해 있지만 추호의 동요도 없습니다. 자성이란 청정하고 생멸이 없고 일체가 구족하고 본래 동요가 없으며 일체 만법이 건립되어 있는 것이라고 아는 것이 진여 자성을 바로 깨친 것이지, 조금이라도 치우치게 되면 자성을 깨치지 못한 동시에 변견에 떨어진 외도가 되어 버립니다.

대원경지(大圓鏡智)

크게 죽은 가운데서 살아나서 구경각을 성취한 것이 또 견성인데 그 견성은 대원경지를 내용으로 합니다. 대원경지란 제8아뢰야 무기식이 다 끊어지고 진여본성이 발현함을 말하는 것입니다. 구경각을 성취한 자리, 즉 자성을 깨친 그 자리는 교가에서 말하는 바와 같이 선가에서도 대원경지(大圓鏡智)라고 표현하는데 교리적 이론이나 실지 체험한 선(禪)에서나 구경이 대원경지에 있다는 것은 조금도 다름이 없습니다.

위산이 앙산에게 말하였다.

"나는 대원경지를 종요로 삼아서 세 종류 생을 벗어나니 소위 상생(想生)과 상생(相生)과 유주생(流住生)이다. 상생(想生)은 생각하는 마음이 어지러움이요, 상생(相生)은 생각하는 바의 경계가 뚜렷하게 나타남이요, 미세한 유주생(流住生)은 함께 티끌 때가 되느니라." - 『인천안목』

주관적으로 일어나는 것이 상생(想生)이고 객관적으로 나타나 보이는 것이 상생(相生)입니다. 주관과 객관이 완전히 떨어지면 제8아뢰야에 들어가는데 이것을 미세유주(微細流住)라 합니다. 실지에 있어서 '생각하는 마음'과 '생각의 대상인 육진 경계'를 완전히 벗어나서 대무심지에 들어가면, 그 작용[行相]이 미세해서 보통 중생은 알 수 없을 뿐만 아니라 자재위 이상의 대보살들도 잘 모르니 그것을 미세유주라 합니다. 미세유주를 벗어나야만 대원경지가 드러나는 것이니, 설사 대무심지에 머물렀다 해도 미세유주 속에 그대로 머물러 있으면 죽어서 살아나지 못한 것이니 산송장이며 눈을 바로 뜬 사람이 아닙니다. 그래서 누구든지 공부를 하려면 무분별심인 미세유주까지도 뿌리를 뽑아 버려야만 공부를 성취한 사람이고 대원경지를 성취한 사람이며 법을 바로 깨친 사람입니다. 견성하면, 마음을 깨치면 그만이라 하지 않고 '대원경지를 으뜸으로 삼는다' 함은 대원경지는 과상(果相)이니 불과(佛果)를 증득해야 대원경지가 성립되는 것임을 구체적으로 자세히 설명하기 위해서이니 이것으로도 견성이 과상(果上)의 불지(佛地)임이 분명합니다.

> 갓난아기가 비록 육식을 두루 갖추고 있어 눈으로 볼 수 있고 귀로 들을 수 있으나 아직 육진을 분별하지 못하여 좋고 나쁨과 장단과 시비득실을 모두 알지 못한다. 도를 배우는 사람도 이 갓난아기와 같아져서 영욕과 공명과 거슬리는 감정과 좋은 경계가 그를 동요시키지 못하며, 눈으로 색을 보되 맹인과 같고 귀로 소리를 듣되 귀머거리와 같으며 어리석고 어리석은 것 같아서 그 마음이 동요하지 아니함이 수미산과 같아야 한다. 지음과 인연의 생각이 없으며 푸른 하늘이 넓게 덮음과 같고 두터운 땅이 넓게 떠받치는 것과 같으니 무심인 까닭으로 만물을 잘 길러 이와 같이 공용이 없는 가운데 공용을 베푼다. 비록 이러하나 또다시 굴 속에서 뛰어나와야 옳다. - 『벽암록』●

갓난아기는 대무심지에 든 사람을 비유한 것입니다. 무심인 까닭에 공용을 베푼다 해도 그것은 아직 대무심지에 머물러 있는 것이어서 죽었으나 살아나지 못한 것입니다. 제8지 부동지보살이 오매일여가 되어 대무심지에 들어 무공용지가 현전하였다 해도 아직 제8아뢰야 미세유주에 있으니 모름지기 이것을 벗어나야 쾌활하고 자재하니 곧 죽어서 살아나야 하는 것입니다. 여기서 살아나지 못하면 조사의 공안도 모르는 것입니다. 원오스님이 대혜스님에게 "언구를 의심하지 않는 것이 큰 병"이라 하고 아무리 무공용지에 들어가서 참말로 자기가 자재한 것 같지마는 여기서 살아나지 않을 것 같으면 불법(佛法)은 꿈에도 모르는 것입니다. 오직 고인(古人)의 화두를 참구하여 깨쳐서 참으로 크게 살아나야 합니다.

> 맑고 공적하며 둥글고 밝아 움직이지 아니함이 대원경지이니라. ―「돈오입도요문론」

맑고 고요하여 공적한 여기서만 머물러 있는 것이 아니고 둥글고 밝아 움직이지 않는 것이 있습니다. 적이쌍조(寂而雙照)하고 조이쌍차(照而雙遮)해서 죽은 가운데 살고 산 가운데 죽은 차조동시(遮照同時)가 되어야만 이것을 대원경지라 합니다.

안팎이 훤히 밝다

견성하면 이제 지혜의 빛을 뿜어 냅니다. 이것을 달리 안팎이 환히 밝다[內外明徹]고 하고 상적상조(常寂常照)라고 합니다.

대반야가 비추니 해탈의 깊고 깊은 법이로다.
법신의 적멸체에 셋과 하나의 이치가 원융하다.
공행이 같은 곳을 알고자 하면
이를 상·적·광이라 하느니라.

남전스님의 제자되는 장사경잠(長沙景岑, ?~868) 선사의 게송입니다. 대개 상(常)은 법신이요, 적(寂)은 해탈이요, 광(光)은 반야에 비유합니다. 그래서 상·적·광이라 하면 법신과 해탈과 반야이 세 가지가 하나로 원융무애한 것을 말합니다. 적(寂)이라 하면 분별망상은 말할 것도 없고 제8아뢰야 미세념까지도 완전히 끊어져 없어진 곳을 말하느니만큼 이것이 대원경지이니 상적광(常寂光)이 여기서 성립되는 것입니다.

> 내가 사라쌍수 사이에서 대적멸정에 들어 본원(本源)으로 돌아가서 시방 삼세의 모든 부처님들과 더불어 법계에 상주하여 항상 고요하고 항상 비추느니라. － 『선원제전집도서』

부처님 경계라는 것은 살았거나 열반하였거나를 막론하고 미래겁이 다하도록 상적상조(常寂常照)한 이 경계 가운데에서 백억화신을 나투어서 일체 중생을 제도하는 것이 근본입니다. 그래서 우리가 공부를 성취하는 데는 상적상조하는 법을 성취하지 않고서는 공부가 아니니까 상적이라는 것이 제일 중요합니다.

분별망상이 조금이라도 그대로 일어나고 사라지면 상적이 될 수 없고, 일체 분별망상이 다 떨어진 대무심지에 들어간다 해도 무분별지라는 조체(照體)가 남아 있으면 상적이 아닙니다. 그러므로 참다운 상적은 구경각을 성취하여 대원경지가 나타나는 데서 성립되는 것이니 이 경계를 우리가 실지로 성취해야 됩니다. 그 방법은 화두를 부지런히 하는 수밖에 없습니다.

> 지혜로써 관조하여 안팎이 환히 밝아 자기의 본심을 깨달아 알면 이것이 바로 해탈이고 무념이니라.
> 지(智)는 밝은 해와 같고 혜(慧)는 밝은 달과 같아서 지혜는 항상 밝게 빛나지만 외부 대상에 머물러 망상의 부운(浮雲)이 뒤덮어 밝지 못한다. 만약에 진법(眞法)을 깨달아 미망(迷妄)의 구름을 스스로 제거하면 안팎이 환히 밝아 진여자성(眞如自性) 중에 만법이 나타나니 견성한 사람도 이와 같다.
> — 『육조단경』

견성을 하면 자성의 진여광명이 시방법계를 환히 비추게 됩니다. 따라서 안팎이 환히 밝아야 견성한 것이지 그렇지 못하다면 그것은 견성이 아닙니다. 잠을 자 봐야 오매일여가 되는지 되지 않는지 알 수 있듯 내외명철이란 실제로 견성한 이가 아니면 알 수 없습니다. 육조스님께선 견성한 사람은 내외명철한 사람이라고 확실히 말씀하셨습니다. 육조스님께서는 견성은 내외명철한 것이라고만 하고 구경각이란 말씀은 거론하지 않으셔서 잘 모르는 이들이 이렇게도 저렇게도 해석하곤 하는데 부처님의 말씀을 근거로 살펴볼 때 내외명철이 곧 구경각임은 너무도 분명한 사실입니다. 만일 내외명철이 되지 않고서 견성이라 한다면 그런 견성은 자기 나름대로 '견성'이란 이름만 붙인 것이지 육조스님께서 직접 말씀하신 견성은 아닙니다.

> 만약에 망식이 모두 사라지면 비로소 지위를 초월하여 요연(了然)히 소득이 없고 구경불과(究竟佛果)를 원만성취하여 마치 정유리(淨瑠璃) 안에 보월(寶月)을 담고 있는 것과 같다.
> — 『종경록』

모든 단계를 훌쩍 뛰어 곧장 여래지에 들어가 구경각을 완전히 성취하면 이것이 견성이고, 견성하면 맑은 유리 속에 보배달을 품은 듯 내외명철하게 됩니다. 유리병 속에 촛불만 밝혀도 온 방이 환한데 거기에 보름달을 갖다 놓았다고 생각해 보십시오. 그 밝음이 시방법계를 비추고도 남을 것입니다. 이처럼 내외가 명철하기 전에는 아무리 크게 깨치고 크게 알았다고 해도 그건 공부하다 병이 생긴 것이지 견성도 돈오도 아닙니다. 그러니 부처님과 조사스님의 말씀을 불문하고 구경각을 성취해야만 견성이지 그러기 전에는 견성이 아니라는 것은 우리 불교의 철칙이라 하겠습니다. 만일 여기에서 조금이라도 벗어난 주장을 편다면 그런 이설은 불교가 아니고 그런 사람은 불제자가 아니라고 단언합니다.

수행계위	3관		남아있는 마음	남아있는 번뇌	얻은 선정	얻은 지혜
불지			무념무심			대원경지
사중득활						
등각·묘각 제8지	숙면일여	오매일여	제8식	근본번뇌 3세	멸진정	평등성지● 묘관찰지
제7지이하	몽중일여		(제7식) 제6식	지말번뇌 6추	무상정	성소작지●
	동정일여		제6식 전5식			

⑤ 깨달음의 향기

조사스님 이야기

지금까지 이야기한 화두 공부의 원칙들을 상기하면서 조사 스님들이 깨달으신 이야기를 좀 할까 합니다. 이제 이야기할 스님들처럼 우리도 참선에 신심을 내어 자성을 바로 깨치도록 노력합시다.

(1) 마조스님

마조도일(馬祖道一, 709~788) 스님은 육조스님 제자 되는 남악회양(南嶽懷讓, 677~744) 선사의 제자입니다. 마조스님이 법을 깨치게 되는 기연은 잘 알려진 것이지만 이것을 보면 선(禪)이란 활동하는 원동력임을 알 수 있습니다. 흐르는 물은 썩지 않는 것과 같이 한 군데 체재하여 가만히 앉아 있는 것은 마치 죽음과 같습니다. 사람은 노력을 해야 합니다. 노력하지 않는 사람은 낙오되기 마련이고 도태됩니다. 농사짓는 사람은 논과 밭에서, 장사하는 사람은 시장바닥에서 쉬지 않고 노력해야 합니다. 수행(修行)에 있어서도 마찬가지입니다. 부단히 정진하는 사람은 향상의 분(分)이 있거니와 정진하지 않고 방일하는 사람은 결국 전에 닦았던 경계조차도 미혹해지고 맙니다. 모든 것은 쉬지 않고 변천하기 때문에 우리도 이에 적응하기 위해서는 쉬임 없이 움직여야 합니다. 선(禪)은 활동하는 힘입니다. 우리가 참선을 한다는 것은 좌선한다고 말하는 이가 많은데 좌선만이 참선(參禪)이 아닙니다. 참선은 곧 선을 참구하는 것인 만큼 일체시(一切時) 일체처(一切處)에 오로지 마음을 순일히 하여 자기가 의심하는 화두(話頭)에 몰두하는 것이 참선입니다. 마조스님이 깨치게 된 남악선사와의 이야기에서도 우리는 선의 진의(眞意)를 알 수 있습니다.

남악스님이 숭산(嵩山)의 전법원(傳法院)에서 수도하는 도일스님의 법기(法器)를 알고 도일스님이 좌선하고 있는 바로 방문 앞으로 갔습니다.

"대덕(大德)은 무엇 하려고 좌선을 하십니까?"

"부처가 되려고 합니다."

하루는 남악스님이 기왓장을 가져와서 스님이 좌선하고 있는 방문 바로 앞에서 기왓장을 숫돌에 갈고 있었습니다.

"큰스님은 무얼 하시려고 기왓장을 갈고 계십니까?"

"거울을 만들려고 갈고 있습니다."

"기왓장을 갈아서 어찌 거울을 만들려고 합니까?"

"그러면 좌선을 해서 어찌 부처를 이루려고 합니까?"

이 한마디에 도일스님은 큰스님이 기왓장을 갈고 있는 진의(眞意)를 알았습니다. 다시 남악스님이 물었습니다.

"우마차가 가지 않을 때 소를 때려야 옳은가, 수레를 때려야 옳은가?"

"……."

"부처를 찾는 데에 좌선만 고집하면 설사 만 겁을 지내도 깨치지 못한다."

도일스님은 남악스님의 말씀을 듣고 이내 마음을 깨쳐서 뒷날 남악스님의 수제자(首弟子)가 되었습니다.

마조스님은 강서성(江西省)을 중심으로 교화를 하였기 때문에 강서마조(江西馬祖)라고 불리며 호남성(湖南省)을 중심으로 교화를 한 석두희천(石頭希遷, 700~790)과 더불어 당시 선계(禪界)의 쌍벽이라 불리었습니다. 마조스님 밑에 139명의 대선지식이 있고, 그 중에서 뛰어난 이가 88명인데 이 88명이 천하에 흩어져서 육조 조계선을 천하에 유포시켰습니다. 선종을 천하에 유포시켜서 알게 한 것은 마조스님의 공이라고 할 수 있습니다.

마조스님 밑에서 임제종(臨濟宗) 위앙종(潙仰宗)이 나고 조동종(曹洞宗)도 이와 관련이 많습니다. 마조스님은 종문(宗門)의 걸출로서 천하에 선을 유포시킨 제일의 공로자라고 평하는 동시에 큰제자를 많이 두기로 마조스님 만한 이가 없다고도 평합니다. 그래서 마조스님의 법문이라고 하면 종문의 표준이 되고 있습니다.

(2) 임제스님

임제의현(臨濟義玄, ?~867) 스님은 예로부터 조사스님들 가운데서도 영웅이라고 칭송을 받는 분입니다. 어려서부터 지극히 총명하여 재기(才氣)를 나타냈고, 성장해서는 효행이 지극하기로 알려졌습니다. 스님은 처음 황벽희운(黃檗希運, ?~850) 스님에게 와 있으면서 수행의 태도가 순수하고 열심이었습니다. 그때 수좌(首座)로 있던 목주도종(睦州道蹤, 780~877) 스님이 '비록 후배이기는 하나 대중과는 다른 점이 있구나' 하고 감탄하여 임제스님에게 물었습니다.

"상좌(上座)는 여기 온 지가 몇 년이나 되었는가?"

"삼 년입니다."

"그러면 황벽스님께 가서 법을 물어본 적이 있는가?"

"없습니다. 무엇을 물어야 할지를 모르겠습니다."

"어찌하여 황벽스님에게 가서 '어떤 것이 불법(佛法)의 긴요한 뜻입니까' 하고 물어보지 아니하는가?"

그 말을 듣고 임제스님이 황벽스님에게 가서 그렇게 물었는데, 묻는 소리가 아직 다 끝나지도 않았는데 황벽스님이 갑자기 몽둥이로 스무 대나 때렸습니다. 임제스님이 몽둥이만 맞고 내려오니 목주스님이 물었습니다.

"여쭈러 간 일이 어떻게 되었는가?"

"제가 여쭙는 말이 채 끝나기도 전에 조실스님이 갑자기 때리시니 그 뜻을 제가 알 수가 없습니다."

"그러면 다시 가서 여쭙게."

그 말을 듣고 임제스님이 다시 가서 여쭈니 황벽스님은 또 몽둥이로 때렸습니다. 이와 같이 세 번 가서 세 번 다 몽둥이만 맞고 말았습니다. 임제스님이 돌아와서 목주스님께 말했습니다.

"다행히 자비를 입어서 저로 하여금 황벽스님께 가서 문답케 하셨으나 세 번 여쭈어서 세 번 다 몽둥이만 실컷 맞았습니다. 인연이 닿지 않아 깊은 뜻을 깨칠 수 없음을 스스로 한탄하고 지금 떠날까 합니다."

"그대가 만약 갈 때는 황벽스님께 인사를 꼭 드리고 떠나게."

임제스님이 절하고 물러가자 목주스님은 황벽스님을 찾아가서 여쭈었습니다.

"스님께 법을 물으러 왔던 저 후배는 매우 법답게 수행하는 사람입니다. 만약 하직 인사를 드린다고 오면 방편으로 그를 제접(提接)하여 이후로 열심히 공부하게 하면 한 그루 큰 나무가 되어 천하 사람들을 위해 시원한 그늘이 되어 줄 것입니다."

임제스님이 와서 하직 인사를 드리니 황벽스님이 말씀하셨습니다.

"다른 곳으로 가지 말고 너는 고안(高安) 개울가의 대우(大愚, ?~?) 스님에게 가거라. 반드시 너를 위해 말씀해 주실 것이니라."

임제스님이 대우스님을 찾아뵈오니 대우스님이 물었습니다.

"어디서 오는고?"

"황벽스님께 있다가 옵니다."

"황벽이 어떤 말을 가르치던가?"

"제가 세 번이나 '불법의 긴요한 뜻'을 여쭈었는데 세 번 다 몽둥이만 맞고 말았습니다. 저에게 무슨 허물이 있는지 알지 못하겠습니다."

"황벽이 이렇게 간절한 노파심(老婆心)으로 너를 위해 철저하게 가르쳤는데 여기 와서 허물이 있는지 없는지를 묻는 것이냐?"

임제스님이 그 말끝에 크게 깨치고 말했습니다.

"원래 황벽의 불법(佛法)이 별것 아니구나."

대우스님이 임제스님의 멱살을 잡고 말했습니다.

"이 오줌싸개야! 아까는 와서 허물이 있는지 없는지를 묻더니 지금은 또 황벽의 불법이 별것 아니라고 하니 너는 어떤 도리를 알았느냐? 빨리 말해 보라! 빨리 말해 보라."

임제스님은 대우스님의 옆구리를 세 번 쥐어박았습니다. 그러자 대우스님이 멱살 잡은 것을 놓으면서 말했습니다.

"너의 스승은 황벽이니 내가 간여할 일이 아니니라."

임제스님이 대우스님께 하직하고 황벽스님에게 돌아오니, 황벽스님은 임제스님이 오는 것을 보고 물었습니다.

"이놈이 왔다갔다만 하는구나. 어떤 수행의 성취가 있었느냐?"

"다만 스님의 간절한 노파심 때문입니다."

"어느 곳에서 오느냐?"

"먼젓번에 일러 주신 대로 대우스님께 갔다 옵니다."

"대우가 어떤 말을 하던가?"

임제스님이 그간의 일을 말씀드리자 황벽스님이 말씀했습니다.

"무엇이라고! 이 놈이 오면 기다렸다가 몽둥이로 스무 번 때려 주리라."

그러자 임제스님이 말했습니다.

"기다릴 것 무엇 있습니까? 지금 곧 맞아 보십시오." 하면서 황벽스님의 뺨을 후려쳤습니다. 황벽스님이 말했습니다.

"이 미친놈이 여기 와서 호랑이 수염을 만지는구나!"

그러자 임제스님이 갑자기 고함을 치니 황벽스님이 말했습니다.

"시자야, 이 미친놈을 끌어내 선방에 참여시켜라!"

그 후 임제스님은 화북(華北)지방으로 가서 후배들을 제접하면서 사람이 앞에 어른거리기만 하면 고함을 쳤습니다. 그래서 임제스님이 법 쓰는 것을 비유하여 우레같이 고함친다[喝]고 평하였습니다. 스님의 법이 널리 사방에 미쳐, 도를 구하려는 제자가 끊일 새가 없이 모여들었다고 합니다. 제자로 삼성혜연(三聖慧然)스님, 흥화존장(興化存奬) 스님, 관계지한(灌谿志閑) 스님 등이 있습니다.

(3) 덕산스님

덕산선감(德山宣鑑, 782~865)˚스님은 20세에 출가하여 처음에는 경과 율을 공부하였습니다. 처음 서촉(西蜀)에 있으면서 교리 연구가 깊었으며 특히 『금강경』에 능통하여 세상에서 '주금강(周金剛)'이라고 칭송을 받았습니다. 스님의 속성(俗姓)이 주(周)씨였습니다. 당시 남방에서 교학을 무시하고 오직 '견성성불(見性成佛)'을 주장하는 선종의 무리가 있다는 말을 듣고 분개하여 평생에 심혈을 기울여 연구한 『금강경소초(金剛經疏鈔)』를 짊어지고 떠났습니다. 가다가 점심때가 되어서 배가 고픈데 마침 길가에 한 노파가 떡을 팔고 있었습니다. 덕산스님이 그 노파에게 "점심을 먹으려고 하니 그 떡을 좀 주시오." 하니, 그 노파가 "내 묻는 말에 대답하시면 떡을 드리지만 그렇지 못하면 떡을 드리지 않겠습니다."라고 하여 덕산스님이 그러자고 하였습니다. 노파가 물었습니다.

"지금 스님의 걸망 속에 무엇이 들어 있습니까?"

"『금강경소초』가 들어 있소."

"『금강경』에 '과거 마음도 얻을 수 없고 현재 마음도 얻을 수 없고 미래 마음도 얻을 수 없다'고 하는 말씀이 있는데 스님은 지금 어느 마음에 점심을 하시려고 하십니까."

"점심(點心) 먹겠다"고 하는 말을 빌려 이렇게 교묘하게 질문했습니다. 이 돌연한 질문에 덕산스님은 아무 말도 할 수 없었습니다. 자기가 지금까지 그렇게도 『금강경』을 거꾸로 외우고 모로 외우고 모르는 것이 없다고 생각했는데 이 떡장수 노파의 한마디에 모든 것이 다 달아나 버렸습니다. 그래서 노파에게 물었습니다.

"이 근방에 큰스님이 어디 계십니까?"

"이리로 가면 용담원(龍潭院)에 숭신(崇信, 782~865)*선사가 계십니다."

점심도 먹지 못하고 곧 용담으로 숭신선사를 찾아갔습니다.

"오래전부터 용담(龍潭)이라고 말을 들었더니 지금 와서 보니 용(龍)도 없고 못[潭]도 없구만요." 하고 용담 숭신선사에게 말하니 숭신스님이 말했습니다.

"참으로 자네가 용담에 왔구먼."

그러자 또 주금강은 할 말을 잊어버렸습니다. 그때부터 숭신스님 밑에서 공부를 하였는데 하루는 밤이 깊도록 숭신스님 방에서 공부하다가 자기 방으로 돌아오려고 방문을 나서니 밖이 너무 어두워 방 안으로 다시 들어갔습니다. 그러니 숭신스님이 초에 불을 켜서 주고 덕산스님이 받으려고 하자 곧 숭신스님이 촛불을 훅 불어 꺼 버렸습니다. 이때 덕산스님은 활연히 깨쳤습니다. 그리고는 숭신스님께 절을 올리니 용담스님이 물었습니다.

"너는 어째서 나에게 절을 하느냐?"

"이제부터는 다시 천하 노화상들의 말을 의심하지 않겠습니다."

그 다음날 덕산스님이 『금강경소초』를 법당 앞에서 불살라 버리며 말했습니다.

"모든 현변(玄辯)을 다하여도 마치 터럭 하나를 허공에 둔 것 같고, 세상의 추기(樞機)를 다한다 하여도 한 방울 물을 큰 바다에 던진 것 같다."

그 후 후배들을 제접할 때는 누구든지 보이기만 하면 가서 몽둥이[棒]로 때려 주었습니다. 그래서 덕산스님이 법 쓰는 것을 비유하여 '비 오듯이 몽둥이로 때린다'고 평하였습니다. 그리고 일주일에 한 번씩 대중방을 뒤져 책이란 책은 모조리 찾아내어 불살라 버리곤 하였습니다. 그 당시 중국의 두 가지 대표적 선풍을 '덕산방(德山棒) 임제할(臨濟喝)'이라고 하는데 임제스님의 할과 함께 덕산스님의 몽둥이질을 가리키는 것입니다. 제자로는 설봉의존(雪峰義存) 스님, 암두전활(巖頭全, 828~887) 스님 등이 있습니다.

(4) 설봉스님

설봉의존(雪峰義存, 822~908) 스님의 집안은 대대로 불교를 믿었는데, 스님은 태어나면서부터 냄새 나는 마늘 따위를 싫어하였고, 갓난아기 때 포대기 안에서 절의 종소리를 듣거나 절에 세워진 깃발이나 불상을 보면 웃음 지었다고 합니다. 12세 때 아버지를 따라 포전(莆田) 옥간사(玉澗寺)라는 절에 갔다가 그곳에서 경현율사(慶玄律師)를 보고 갑자기 절을 하며 "저의 스승이십니다." 하고는 그곳에 머물며 시봉하게 되었습니다. 17세에 머리를 깎고 스님이 되어 부용산(芙蓉山)의 홍조(弘照)스님을 찾아갔다가 유주(幽州) 보찰사(寶刹寺)로 가서 구족계를 받고 오랫동안 선(禪) 법회를 돌아다녔습니다.

스님은 언제나 공양주의 소임으로 대중을 봉양하는 수행자였습니다. 스님의 삶을 묘사하는 말에 "삼도투자 구지동산(三到投子 九至洞山)"이라는 유명한 말이 있습니다. "투자산에 세 번 올랐고 동산에는 아홉번이나 갔다"는 뜻인데, 투자는 투자대동(投子大同,

819~914)˚스님을 가리키고 동산은 동산양개(洞山良价, 807~869)˚스님을 가리킵니다. 나중에 덕산선감 스님의 법을 이었습니다. 특히 동문인 흠산과 암두스님과 함께 수행하다 암두의 교시로 오산(鰲山)에서 깨달음을 이룬 이야기는 수행자의 귀감이 되고 있습니다. 설봉산에 머물 때에는 수행자의 수가 1,500명 아래로 내려간 적이 없다고 합니다.

스님이 동산양개 스님의 회하에서 공양주로 있을 때 이야기를 좀 하겠습니다.

하루는 쌀을 일고 있는데 동산스님이 물었습니다.

"그대는 모래를 일어서 쌀을 가려내느냐, 쌀을 일어서 모래를 가려내느냐?"

"모래와 쌀을 한꺼번에 다 가려 버립니다."

"그렇게 하면 대중은 무엇을 먹느냐?"

스님이 쌀 쟁반을 엎어 버렸습니다.

"인연을 보니 그대는 덕산스님이 맞겠다."

또 하루는 동산스님이 물었습니다.

"무엇을 하고 왔느냐?"

"물통 만들 나무를 잘라 왔습니다."

"도끼질을 몇 번 해서 잘랐느냐?"

"단번에 잘랐습니다."

"그렇다고 해도 아직 그것은 이쪽에 속하는 일이다. 저쪽 일은 어떻게 하려느냐?"

"그대로 손을 댈 곳이 없습니다."

"그것도 아직 이쪽 일이다. 저쪽 일은 어떻게 하려느냐?"

하루는 스님이 밥을 짓고 있는데 동산스님이 물었습니다.

"오늘은 밥을 얼마나 지었느냐?"

"두 섬을 지었습니다."

"그것으로 모자라지 않겠느냐?"

"그 가운데는 밥을 먹지 않는 스님도 있습니다."

"갑자기 모두 다 먹겠다고 하면 어떻게 하겠느냐?"

스님이 아무 말 못했습니다.

하루는 동산스님이 스님이 오는 것을 보고 "문간에 들어오면 반드시 무슨 말이든 해야 한다. 일찍감치 할 말 다했다고 해서는 안 된다."라고 하자 스님이 "제게는 입이 없습니다." 하였습니다.

동산스님이 "입이 없거든 내 눈을 돌려다오."라고 하니 스님이 그만두었습니다.

스님이 동산스님의 회하를 떠나려 하자 동산스님이 물었습니다.

"그대는 어디로 가려 하는가?"

"영중(嶺中)으로 돌아가려 합니다."

"전에는 어느 길로 나갔었는가?"

"비원령(飛猿嶺)으로 나갔습니다."

"이번에는 어느 길로 나가려 하는가?"

"역시 비원령으로 나가려 합니다."

"여기 비원령으로 가지 않는 사람이 하나 있는데, 그대는 그 사람을 아는가?"

"모릅니다."

"어째서 모르는가?"

"그는 모습이 없기 때문입니다."

"그대가 이미 그를 모른다고 해놓고서 그가 모습이 없다는 것은 어떻게 알고 있는가?"

스님은 대답하지 못했습니다.

스님이 덕산(德山)스님을 찾아뵙고 물었습니다.

"예로부터 내려온 종문[宗乘]에 저도 자격이 있습니까?"

덕산스님이 몽둥이로 스님을 한 대 때리면서 "뭐라고?" 하자 스님은 "모르겠습니다."라고 하였습니다.

이튿날 스님이 다시 찾아가 가르침을 청하자 덕산스님이 말씀하셨습니다.

"우리 종문에는 말이란 것이 없으며 다른 사람에게 줄 그 어떤 법도 없다."

스님이 이 말씀에 깨달은 것이 있었습니다.

그 후 스님이 암두전활(巖頭全豁)스님과 흠산문수(欽山文邃, ?~?) 스님을 방문하는 길에 예주(澧州) 오산진(鼇山鎭)이라는 곳에 갔다가 눈으로 길이 막혀 그곳에 묵게 되었는데, 암두스님은 매일 잠만 자고 스님은 오로지 좌선만 하였습니다. 그러다가 하루는 스님이 암두스님을 부르면서 "사형! 사형! 좀 일어나 보시오." 하니 암두스님이 "무슨 일이오?" 하였습니다.

이에 스님이 말하였습니다.

"나는 금생에는 틀렸나 봅니다. 전에 문수스님과 함께 행각을 할 때는 가는 곳마다 그 친구가 귀찮게 굴더니 이번에 여기 와서는 사형은 노상 잠만 자고 있지 않소."

암두스님이 악! 하고 할을 하고는 말하였습니다.

"잠이나 실컷 자 두시오. 매일 선상에 앉아 있는 꼴이란 촌구석의 토지신 같으니 훗날 사람들을 홀릴 것이오."

스님이 가슴을 짚으며 말하였습니다.

"나는 이 속에 답답한 것이 남아 있습니다. 감히 내 스스로를 속일 수는 없습니다."

"나는 그대가 훗날 우뚝한 봉우리에 띠집을 짓고 부처님의 큰 가르침을 퍼리라 생각하고 있었는데 고작 그따위 말이나 하고 있는가?"

"나는 정말로 답답한 것이 있습니다."

"정말 그렇다면 그대가 본 경계를 그대로 하나하나 나에게 말해 보게. 옳은 점은 증명해 주고 옳지 못한 점은 잘라 주겠네."

"처음 염관제안(鹽官齊安, ?~842)*스님을 찾아갔을 때, 염관스님이 상당하여 색(色)과 공(空)의 이치를 거론하시는 것을 듣고 들어갈 길을 찾았습니다."

"앞으로 30년 동안 다시는 그런 말은 꺼내서는 안 될 것이오!"

"다음에 나는 동산스님께서 개울을 건너다가 깨치고 지으신 게송을 보게 되었는데, 그 내용은 이러했습니다.

절대로 남에게서 찾지 말지니

나와는 점점 멀어지리라

그(그림자)는 지금 바로 나이지만

나는 지금 그가 아니다.

切忌從他覓　迢迢與我疏

渠今正是我　我今不是渠"

"그러한 경계로는 자기 하나 구제하기도 부족하다네."

"다음에 덕산스님께 묻기를 '예로부터 내려온 종문에 저도 자격이 있습니까?'라고 하였습니다. 덕산스님께서 몽둥이로 한 대 때리시면서 '뭐라고?' 하셨는데, 그때 나는 물통 밑바닥이 쑥 빠져나가는 듯한 느낌이 들었습니다."

암두스님이 악! 하고 할을 하고는 말하였습니다.

"그대는 듣지 못했는가. 문으로 들어오는 것은 가보(家寶)가 아니라는 말을."

"앞으로 어떻게 하면 됩니까?"

"훗날 그대가 부처님의 큰 가르침을 널리 펴려 한다면 하나하나를 자기 가슴속에서 흘러나오는 그대로 나에게 보여다오. 그렇게 되면 하늘을 뒤덮고 땅을 뒤덮을 것이오."

스님이 이 말끝에 깨닫고 암두스님에게 큰절을 올리고는 일어나 연거푸 소리쳤습니다.

"사형! 오늘에야 비로소 이곳 오산진에서 도를 이루었소."

그 후 민(閩 : 복건성) 땅으로 돌아와 상골산(象骨山)에 머물면서 게송을 지었습니다.

  인생은 잠깐 사이 빠르기도 한데
  뜬 세상에 어찌 오래 살 수 있으랴.
  서른두 살 나이로 비원령(飛猿嶺 : 복주)을 넘어
  민 땅에 들어서니 어느덧 마흔 남짓.
  다른 이의 허물일랑 자주 말하지 말고
  자신의 잘못을 어서어서 없애야지.
  조정에 가득한 고관대작에게 아뢰노니

염라대왕은 높은 벼슬도 두려워 하지 않소이다.

(5) 법안스님

법안문익(法眼文益, 885~958)*스님은 7세에 신정(新定) 지통원(智通院) 전위선사(全偉禪師)에게 머리를 깎았으며, 20세에 월주(越州) 개원사(開元寺)에서 구족계(具足戒)를 받았습니다.

당시 훌륭한 율사(律師) 스님인 희각(希覺)스님이 명주(明州) 육왕사(育王寺)에서 한창 법을 펴고 있었으므로 가서 참례하였습니다. 강의를 듣고 익혀 불도의 깊은 이치를 공부하는 한편 틈틈이 유가 경전[儒典]도 공부하여 격조 있고 고상한 경계에 노닐었습니다. 그러다가 일단 발심이 되자 잡다한 일을 다 제쳐두고 남쪽으로 갔습니다. 복주(福州)에 도착하여 장경혜릉(長慶惠陵, 854~932)*스님을 참례하였으나 확실히 깨닫지는 못하고, 그 뒤 도반 두 명과 함께 영남(嶺南)을 떠나 지장원(地藏院)을 지나다가 눈으로 길이 막혔습니다. 잠깐 화롯가에 쉬던 차에 나한계침(羅漢桂琛, 867~928)*스님이 물었습니다.

"이번 길은 어디로 가는가?"
"이리저리 행각하렵니다."
"무엇이 행각하는 일인가?"
"모르겠습니다."

"모른다 하니 가장 적절한 말이군."

또 셋이서 함께 『조론(肇論)』을 거론하다가 '천지와 나는 같은 뿌리다'라고 한 대목에 이르자, 나한계침 스님이 물었습니다.

"산하대지가 그대들 자신과 같은가 다른가?"

법안스님이 "다릅니다." 하자 나한스님은 손가락 두 개를 세웠습니다.

이번에는 "같습니다." 하자 나한스님이 다시 손가락을 세우더니 벌떡 일어나서 가버렸습니다.

눈이 그쳐 떠나겠다고 인사를 하자, 나한스님이 문에서 전송하며 말씀하셨습니다.

"상좌, 삼계(三界)는 마음일 뿐이며, 만법(萬法)은 식(識)일 뿐이라고 항상 말들 한다."

그러고는 뜰 아래 돌덩이를 가리키며 말씀하셨습니다.

"말해 보게, 이 돌이 마음 안에 있는가 마음 밖에 있는가?"

"마음 안에 있습니다."

"행각하는 사람이 무슨 이유로 한 덩이 돌을 마음에 두고 있는가?"

스님은 궁색하여 대꾸할 수가 없었습니다. 그리하여 짐보따리를 내려놓고 나한스님의 법석(法席)에서 결판을 보려고 작정하였습니다. 한 달 남짓 매일같이 자기 견해로 도리를 설명해 보이자,

나한스님은 이렇게 말해 주었습니다.

"불법은 그런 것이 아니다."

"저는 이제 할 말도 없고 설명할 이치도 막혔습니다."

"불법을 논하자면, 모든 것이 있는 그대로다."

스님이 그 말끝에 확실히 깨달았습니다. 그리고는 그대로 머무르려 하였으나, 도반들이 양자강 밖으로 총림을 두루 돌아다니려 하였기 때문에, 스님에게 함께 가자고 하였습니다. 임천(臨川)에 이르자 목사(牧使)가 숭수원(崇壽院)의 주지를 맡아달라고 청하여 머물게 되었습니다.

법안스님이 문을 연 것이 바로 법안종입니다. 법안스님은 깨달은 이후 승주(昇州) 청량원(淸凉院)에 머물며 오월왕(吳越王) 전(錢)씨의 귀의를 받아 선풍을 크게 드날려 문하에서 천태덕소(天台德韶), 백장도항(百丈道恒), 귀종의유(歸宗義柔), 보은법안(報恩法安) 등의 많은 스님들을 배출하였습니다. 법안종의 특색 중의 하나는 선이면서도 교를 무시하지 않았다는 점입니다. 그래서인지 저술이 많은데 승천도원(承天道原) 스님의 『경덕전등록(景德傳燈錄)』은 법안종 스님들의 화두와 착어(著語)를 많이 실어 법안종의 세밀한 가풍을 특색있게 보여 줍니다. 영명연수(永明延壽)˙스님은 『종경록(宗鏡錄)』 100권을 지어 모든 종파를 체계적으로 정리하려고도 했습니다. 강남(江南) 지역을 중심으로 전개된 법안종은 북송

(北宋)에 이르러 운문종이 대두하면서 교와 선을 융합한 성격이 퇴색하면서 쇠퇴하였지만 세밀한 가풍이 운문종과 임제종의 선승들에게 계승되었습니다.

(6) 서산스님

서산(西山, 1520~1604)스님은 호가 청허(淸虛)이고 법명이 휴정(休靜)입니다. 오랫동안 묘향산에 살았기 때문에 세상 사람들이 서산대사라고 부릅니다. 스님은 안주에서 태어나 어려서 부모를 여의고 고아가 되었는데 고을 군수의 도움으로 한양에 올라와 공부하였습니다. 과거에 응시했다가 낙방하고 16세의 나이로 친구들과 지리산의 화엄동(華嚴洞) 칠불동(七佛洞) 등을 구경하다가 원통암(圓通庵)에서 숭인장로(崇仁長老)를 만났습니다. 숭인스님이 물었습니다.

"너의 용모를 보아하니 보통 사람이 아니로다. 과거급제 말고 마음을 돌려 심공급제(心空及第)하면 영원히 세상의 명리를 끊고 고통을 떠나 즐거움을 얻게 된다. 서생(書生)의 일이란 비록 온종일 노력해도 백 년 동안 얻는 소득은 다만 헛된 이름 하나뿐이니 참으로 슬프지 않느냐?"

"어떤 것을 심공급제라 합니까?"

숭인스님이 그 순간 눈을 깜빡하며 "알겠느냐?" 하고 물었습니다.

"모르겠습니다." 하는 대답에 숭인스님은 말로 설명하기는 어려운 것이라며 『전등록』, 『선문염송』, 『화엄경』 등 수십 권의 책을 꺼내 주며 "부지런히 읽고 생각하면 점차 문에 들어갈 수 있다."고 말해 주었습니다.

숭인스님의 소개로 부용영관(芙蓉靈觀, 1485~1571)*스님의 문하에서 가르침을 받으며 경전을 익히고 참선을 닦았습니다. 3년 정도 행자생활을 하다가 "차라리 어리석은 바보로 평생을 살지언정 문자나 외우는 법사는 되지 않으리라." 하는 서원을 합니다. 그러고는 숭인스님을 은사로, 부용영관 스님을 전법사로 하여 출가한 지 6년 만에 휴정(休靜)이란 법명을 받습니다. 몇 년 동안 오로지 정진에 몰두하다가 남원의 용성(龍城)에 사는 벗을 만나러 가는 도중 성촌(星村)을 지나다가 한낮에 닭 우는 소리를 듣고 본래면목을 깨달아 오도송을 읊습니다.

 머리는 세어도 마음은 늙지 않는다고
 옛사람이 일찍이 말하였네.
 오늘 닭 우는 한 소리에
 대장부 할 일을 다 마쳤네.
 髮白非心白　古人曾漏洩

今聽一聲鷄　丈夫能事畢

홀연히 제 집을 발견하니
온갖 것이 다만 이러할 뿐
천언(千言) 만구(萬句)의 경전들이
본시 하나의 빈 종이로구나.

忽得自家底　頭頭只比淵
萬千金寶藏　元是一空紙

그 뒤 영관스님에게 인가를 받고 운수(雲水) 행각을 하며 공부에만 전념하다가 승과(僧科)에 급제하였고, 대선(大選)을 거쳐 선교양종판사(禪敎兩宗判事)가 되었지만 선교양종판사직이 승려의 본분이 아니라 하고 이 자리에서 물러나 금강산, 두류산, 태백산, 오대산, 묘향산 등을 두루 행각하며 스스로 보임(保任)하였고, 후학을 만나면 친절히 지도하였습니다.

　벼슬을 버린 스님은 금강산 미륵봉 아래에 암자를 짓고 지내다가 시 한 수를 짓습니다. '삼몽사(三夢詞)'라는 제목으로 유명한 시입니다.

　주인은 손에게 제 꿈 이야기하고

손은 주인에게 제 꿈을 이야기하누나.
이제 두 꿈 이야기하는 나그네
이 또한 꿈속의 사람일세.
主人夢說客 客夢說主人
今說二夢客 亦是夢中人

스님에게는 제자가 1,000여 명이 있는데 그 가운데 사명유정(四溟惟政, 1544~1610), 편양언기(鞭羊彦機, 1581~1644), 소요태능(逍遙太能, 1562~1649), 정관일선(靜觀一禪, 1533~1608) 네 사람이 유명하여 서산 문하의 4대파라 부릅니다. 서산대사의 저술로는 선가에서 귀감으로 삼아야 할 말씀들을 모아서 간단한 주를 붙인 『선가귀감(禪家龜鑑)』과 선과 교를 대비하여 풀이한 『선교석(禪敎釋)』, 선과 교의 차이를 간결하게 해설한 『선교결(禪敎訣)』 등이 있습니다.

스님은 임진왜란에 승병을 일으킨 분으로 잘 알려져 있지만 불교 사상적인 면으로 볼 때는 한국의 선풍을 진작시킨 분입니다. 선교 양종을 통합하여 단일한 불교로 발전시키는 데 큰 역할을 했습니다. 『선가귀감』에서 "선은 부처님의 마음이요, 교는 부처님의 말씀이다"라고 밝혀 좌선, 진언, 염불, 간경 등 여러 경향으로 나뉘어 각자의 우월을 주장하던 당시의 모순에서 벗어나 선교일치를 주장하면서 한국 불교의 전통을 확립시켰다고 하겠습니다.

스님은 자화상(自畫像)을 보면서 임종게(臨終偈)를 뒷면에 적었는데 많이 알려져 있는 게송입니다.

>80년 전에는 이것이 나이더니
>80년 후에는 내가 너로구나.
>八十年前渠是我 八十年後我是渠

끝으로 서산스님의 시로 알려진 유명한 시 한 편을 소개합니다.

>눈 덮힌 들판을 걸어갈 때
>발걸음 하나라도 어지럽히지 말라.
>오늘 내가 걸어가는 길이
>뒷사람의 이정표가 될 것이다.
>踏雪野中去 不須胡亂行
>今日我行蹟 遂作後人程

(7) 방(龐) 거사

>한 생각 마음이 깨끗하니
>곳곳에 연꽃이 피더라

한 송이 꽃이 한 정토요
나라마다 한 여래라.
一念心淸淨하니
處處에 蓮華開더라
一華一淨土요
一土一如來라

이 게송은 중국의 유마거사(維摩居士)라고 불리는 방(龐) 거사*의 게송으로 '마음이 청정하면 꽃이 핀다.'는 말이 아니고, 마음이 깨끗하니 본래 꽃이 피어 있는, 본래 극락세계, 본래 아미타불을 보게 된다는 말입니다. 온 시방법계가 정토 아님이 없고 부처님 안 계신 곳이 없는데 중생이 번뇌 망상에 마음의 눈이 가리워서 그것을 못 볼 뿐입니다. 온 시방세계 어느 곳이든지 극락세계 아님이 없고, 아미타불이 안 계신 곳이 없습니다. 항상 무진법문(無盡法門)을 하시고 대작불사(大作佛事)를 하고 계시는데 중생은 그것을 못 보는 것입니다.

그 못 보는 이유는 번뇌 망상에 가리워서 못 볼 뿐이지, 본래 사바세계(娑婆世界) 이대로가 정토로, 말하자면 우리 불교에서 가장 많이 비유하는 것입니다. 우리 마음이란 거울과 같은데, 거울이 본래 아무리 깨끗하다 해도 거기에 때가 묻고 먼지가 꽉 앉으면 아무 것도 안 비친다 이 말입니다. 모든 삼라만상(森羅萬象)이란 엄연히 그대로 존재하고 시방세계 이대로가 극락세계(極樂世界), 정토인데 중생이 보지 못하는 것은 거울에 때가 끼어서 못 보는 것과 같습니다. 따라서 공부를 많이 해서 번뇌 망상을 다 쉬어버리면, 거울의 때가 다 없어져 버리고 거울이 환하게 드러나지 않겠습니까? 본마음이 드러난다 그 말입니다. 본마음이, 본거울이 드러나면 그때 가서 모든 것이 다 비치게 됩니다.

그와 마찬가지로 누구든지 공부를 부지런히 해서 번뇌 망상을 다 쉬어버리면 자기 마음의 눈을 뜨게 됩니다. 눈을 뜨면 온 시방법계가 극락세계 아닌 곳이 없고 아미타불 안 계신 곳이 없습니다. 참으로 마음의 눈을 떠서 사바세계 이대로가 극락세계임을 꼭 보려면, 모든 것을 전부 다 버려야 합니다. 모든 것을 다 버리고 공부해야지 만약 조금이라도 구하는 생각이나 집착이 있으면 마음 거울의 때가 닦이지 않고 지워지지 않고 마음의 눈을 뜰 수 없습니다.

그런데 앞서 말한 게송의 임자가 방 거사인데, 방 거사 자체부터가 천하갑부로 발심을 해서 자기 재산을 전부 팔아 좋은 금·은 보화와 보석·보물로 바꾸니 큰 배로 두 척이나 되었습니다.

방 거사는 그것을 배에 싣고 동정호 한 가운데 가서 한 척을 물에 집어넣었습니다. 뱃사공들이 가만히 보니 저 사람이 미쳤거든요. 그걸 팔아서 돈으로 바꾸어 재산을 사려는 줄 알았는데, 물 한 복판에 집어넣었으니 말입니다. "아니, 그 아까운 보물을 물속에 집어넣을 필요가 뭐 있소. 그 보물을 없는 사람에게 나눠주면 많은 사람들이 구제받을 텐데, 대체 왜 그러시오." 하고 물으니 "히허, 내가 나쁘다고 내버린 물건을 어떻게 남을 줄 수 있소." 하는 것입니다. 왜 안 그렇겠습니까? 자기가 나쁘다고 못 쓰는 물건이라고 내버린 물건을 어찌 남을 줄 수 있나 그 말입니다. 이 물질이란 것은 사람으로 하여금 욕심의 근본이 되어서 자꾸 사람의 마음의 눈을 가리고, 결국 업을 두텁게 해서 참으로 진리와 부처님을 못 보게 합니다. 그러니까 재물이 중생들에게 없으면 죽을 것 같지만, 사실 알고 보면 비상보다 더 무서운 것입니다. 비상인 줄 알고 내가 안 먹으려 하면서 어떻게 남에게 죽으라고 줄 수 있냐는 뜻입니다.

결국 방 거사는 남은 배마저도 집어넣어 버렸습니다. 그러니 천하갑부가 하루아침에 알거지가 되고 두 손밖에 남지 않았습니다. 기록에도 '다만 조각배 하나 타고 다닐 만 했다'고 하니 아무것도 남기지 않고 다 버린 것입니다. 천하갑부가 아무 미련 없이 완전히 내버릴 수 있는 그런 큰 결심이 있으면, 공부를 성취 안 하려야 안 할 수 없습니다. 만약 그런 큰 결심이 없으면 아무리 공부한다해도 딴 생각하는 사람이지 공부하는 사람이 아닙니다.

부처님은 왕궁도 내버렸는데 그까짓 재물 좀 버린 것쯤은 천하 쉬운 것 같지만 그게 쉬운 일이 아닙니다. 따라서 누구든지 참으로 대도를 성취해서 앉은 자리, 선 자리 이대로 극락세계, 이대로 해탈, 이대로 부처임을 보려면 먼저 마음 속에 있는 것이든 마음 밖에 있는 것이든 모든 것을 다 버려야 합니다. 그러면 벌거벗은 몸뚱이뿐 아닙니까? 이렇게 돼야만 대도를 성취할 수 있습니다.

그러면 방 거사는 그 다음엔 어떻게 살았느냐? 저 산 있는 데 가서 토굴 하나 짓고서 마누라와 아들·딸과 함께 산죽으로 조리를 만들어 딸을 시켜 팔아서 쌀로 바꾸고 그렇게 먹고 살았습니다. 누가 보면 그 많던 재산 다 버리고 저 얄궂은 데 가서 산죽을 쪄서 조리를 만들어 어린 딸한테 시켜 팔게 해 양식으로 바꾸어 먹으니 미친 사람 아니냐고 할 것입니다. 하지만 그렇게 철저한 각오가 아니면 어떻게 대도를 성취할 수 있겠습니까?

그 후 방 거사의 끝이 어떻게 됐냐하면, 석두(石頭)˚스님 마조(馬祖)˚스님을 찾아가서 대도를 완전히 성취하고 조사스님들과 똑같은 경지에 이르렀습니다. 죽음에 이를 때도 아주 자유자재하게 갔습니다. 식구들은 밖에 다 나가고 딸만 있었는데, 방 거사가 "내가 해가 중천에 뜨는 12시쯤 되면 갈 테니까 때가 되면 기별해라." 했더니, 한참 있다가 딸이 "아버지 밖에 나와 보십시오. 이상한 게 공중에 떠 있습니다." 하길래 "그래?" 하고는 밖에 나와 보니 아무것도 없었습니다. 다시 방에 들어와 보니 딸이 합장하고 가버렸습니다. 그대로 죽어버렸다 이 말입니다. 그러자 방 거사가 딸의 등을 어루만지면서, "내 딸의 기봉(機鋒)*이 참으로 빠르다."고 칭찬해 주었습니다. 그 뒤 딸을 화장해 놓고 일주일 뒤에 재를 지냈는데, 그 당시 자사(刺史, 주지사)가 소문을 듣고 오자 자사의 무릎을 베고 누워서 법문을 해주고는 가버렸습니다. 그때 아들은 마침 밭을 메고 있었는데, 자사가 "이 사람아, 자네 아버지가 지금 막 돌아가셨네." 하니, "아, 그래." 하면서 밭을 메는 호미를 밭에 탁 꽂으면서 벌떡 일어서는 것입니다. 그런데 움직이질 않아 가보니 또 가버렸습니다. 그런 대자재가 있었단 말입니다. 그러니까 비록 재산은 전부 다 물에 집어넣어 버리고 홀홀단신, 알거지가 되어 조리를 만들어 쌀로 바꿔먹기를 평생 했으니, 물질적으로 보면 하나도 가진 게 없는 거지였지만, 도는 천하에 이보다 더 큰 부자는 없었다 이 말입니다. 그러니까 영가(永嘉)* 스님도 말씀하셨습니다.

> 가난한 석자라 입으로 가난타 하나
> 실로 이는 몸의 가난이라 도는 빈궁치 않네.
> 窮釋子口稱貧이나
> 實是身貧道不貧이라.*

모든 것을 다 버렸으니까, 입이 가난하고 몸도 가난해도 도는 천하부자입니다. 우리가 출가한 중이 되었든, 발심한 보살이 되었든 몸은 가난해도 도는 부자가 되어야지, 도는 가난하고 몸은 부자가 되면, 이건 불법하고 반대입니다. 그렇지만 요새 보면 반대인 경우가 많습니다. 도는 가난한데 몸은 부자다 이 말입니다. 이 공부를 성취하려면 첫째 해탈이 있나 없나 이게 문제인데, 해탈이 왜 없습니까? 몇 해 전에도 법관 세 사람이 판사를 여남은 명 데리고 와서 물을 게 있다고 그러길래 뭐냐니까, "확실히 불교에 해탈이 있습니까?" 이러는 것입니다. "이 사람이 정신이 없나? 해탈이 없을 것 같으면 불교가 이천년 삼천년 이대로 내려올 턱이 있나?" 호통치고는 설명을 좀 해 줬더니 잘 알겠다고 하였습니다.

방 거사 일화에서처럼 분명히 자유자재한 대해탈경계가 있습니다. 그러기 위해서는 첫째로 모든 것을 버리고 공부를 해야 되지 마음속으로든지, 마음 밖으로든지 온갖 것을 다 살림살이를 잔뜩 채워 놓고 공부를 하면 자꾸 거울에 먼지가 더 앉게 됩니다.

때가 더 묻어서 더 캄캄해져 버렸는데 꽃은 무슨 꽃이, 극락세계는 무슨 극락세계가, 아미타불은 무슨 아미타불이 비치겠습니까? 하나도 안 비친단 말입니다.

참으로 한 생각 마음이 청정해서 온 처처에 연꽃이 피고, 온 처처가 극락세계고, 온 처처에 아미타불이 꽉 차있는 것을 보려면, 본래 꽉 차 있어 못 볼 뿐인 마음을 닦아야 합니다. 마음을 닦으려면 모든 것을 다 버려야 되고, 버리려면 방 거사처럼 물질적인 것이든지 정신적인 것이든지 다 버려야지, 이건 쪼끔 놔두고 저건 쪼끔 놔두고, 이런 식으로 해서는 미래겁이 다하도록 공부를 성취하지 못합니다.

(8) 정승 배도(裵度)

1300년 전에 있던 고담(古談)인데 당나라에 '배도'라는 유명한 정승이 있었습니다. 밖으로 나가면 장수가 되고, 안으로는 큰 재상이 되고, 만고의 명재상이었습니다. 이 사람은 등이 동생과 딱 붙어서 쌍둥이로 태어나 누가 형이고 누가 동생인지 모르는데, 중간을 칼로 갈라서 하나는 형이라 하고 하나는 동생이라 했습니다. 한 날 한 시에 태어났으니 얼굴도 같고 생년월일시도 같으니 행복한 사람이 되든지 불행한 사람이 되든지 똑같이 생활할 것이라고 생각할 것입니다. 그런데 그렇질 않았습니다. 뒷날 배도는 천하에 유명한 명재상이 되어 만고에 그 이름이 드러났지만, 동생은 지지리도 생활이 곤난(困難)하여, 개울가에서 평생 뱃사공으로 곤궁하게 살았습니다.

그렇다면 배도는 얼굴도 똑같고 생년월일도 똑같은데, 어째서 운명이 그렇게 달라졌을까요? 그 이유가 있습니다. 그가 조금 커서 열댓 살 돼서 상을 보는 사람이 말하기를, "니 큰일났다. 니 얼굴이 보기는 좋아 보이는데, 얼마나 운명이 나쁜지 니만 평생 고생하고 말 것이 아니라, 니 이웃까지 다 못살게 된다. 너 때문에." 그러는 것입니다. 사주를 보았더니 또 그러는데 한두 사람이 그러는 게 아닙니다. 이상하다는 생각이 들어서 여러 군데 물어보니 다 그러길래 이 사람이 생각을 했습니다. '내가 운명을 잘못 타고났든지, 사주팔자를 잘못 타고났든지 해서 내가 고생하는 것은 괜찮은데, 나 때문에 이웃까지 다 망한다 하니, 어쩐담?' 보통사람 같으면 사주고 팔자고 숨기고, 남이야 망하든 말든 어디 사람 많은데 가서 나도 한번 살아보자 이렇게 했겠지만, 그 사람은 양심이 있어서 그게 자꾸 마음에 걸렸던 것입니다.

결국 옆 사람에게 피해를 주지 않으려고 저 깊은 산 속으로 들어가 생활하면서 자기반성을 해보니, 좋은 일(善) 한 것과 궂은 일(惡) 한 것이 반반이더란 말입니다. '여기서 나도 공부를 해서 착한 사람이 돼야겠다.' 생각하고, 종이도 붓도 없으니 나무를 두 개 깎아 놓고 좋은 일 하면 오른쪽 나무에 표를 하고, 나쁜 일 했다는 생각이 들 땐 왼쪽 나무에 점을 찍어 표를 하기 시작했습니다. 그렇게 생활을 하는데, 처음엔 자기 생각에 착한 일 한 것밖에 없어 나쁜 쪽은 점수가 적고 착한 쪽의 점수가 자꾸 올라갔습니다. 그래 어느 정도 점수가 올라간 뒤에 가만히 생각을 해

보니 그전에 좋은 일 했다는 것이 철이 들고 보니, 나쁜 일이고 좋은 일은 하나도 없더란 말입니다. 이때까지 했던 것이 다 헛일이구나 생각하고 나무를 새로 깎아서 새로 점을 찍었더니 이제는 나쁜 쪽에 점수가 올라갑니다. 그러다가 어느 정도 시간이 지나서는 좋은 쪽의 점수가 올라갑니다.

그러다가 또 시일이 지난 후에 보니까, 자기가 좋은 일이라고 한 것이 전부 다 나쁜 일입니다. 이렇게 여러 번 반복을 했습니다. 혼자 살면서도 여러 가지 선악이 있었던 것입니다. 이렇게 하다가 나이가 한 40이 되니 몇 달이 지나도 자기가 잘했다는 생각이 안 들었습니다. 잘했다는 곳에 점을 찍을 수가 없더란 말입니다. 그때가 요새말로 철이 좀 든 때였던 것입니다. 아무리 자기는 잘한다고 했어도 가만히 생각을 해 보니, 전부 잘못한 것이라 잘했다는 곳에 점을 찍을 수가 없었습니다. 사람이 되려면 이 정도가 되어야 합니다. 그래 결국 가서는 무엇을 성취했냐 하면, 자기가 잘한 것은 아무 것도 없다는 것을 성취했습니다. 그래 생각해 보니 한 20년 산중에 살았으니 세상 구경이나 한번 하고 죽자는 생각이 들어 유랑길에 나섰습니다.

가다가 길이 무너진 곳이 있으면 길을 고쳐놓고, 무거운 짐을 진 사람이 있으면 짐을 져주고, 농사철엔 농사도 도와주고, 때가 되면 밥 좀 얻어먹고, 사방팔방 다니면서 남 거들어주는 일만 하고 돌아다녔습니다. 그러면서도 자기가 잘 한다는 생각이 없었습니다. 이렇게 한 10년을 돌아다니니 사람들 사이에 소문이 났습니다. "그 사람이 미쳤는가 안 미쳤는가 알 수가 없어. 남 도와주는 일만 하는 걸 보면 미친것 같지는 않고 필시 성인인 것 같애." 일 도와주고 때 되면 한 술 얻어먹기나 하지, 삯을 받나 고맙다는 인사를 받으려 하나, 인사를 하려 하면 내 잘한 게 아무 것도 없다고 달아나 버리니 그 사람이 필시 성인일 거라는 소문이 당나라 천자의 귀에까지 들어갔습니다.

"나도 한번 만나보자!" 천자가 드디어 그를 만나게 되었습니다. "내가 들으니 온 천하가 네가 어질고 착한 성인이라고 하는데, 네가 뭘 잘하기에 성인이라고 하느냐?"

"폐하, 그것은 잘못 들은 것입니다. 저는 이리저리 돌아다니면서 밥이나 얻어먹는 거지로 아무 것도 잘한 게 없습니다. 그 소문은 잘못된 것이지 절대로 제가 잘해서 그런 소문이 난 것이 아닙니다."

하면서 천부당만부당하다고 펄펄 뛰는데 일부러 그러는 것이 아니라 진정으로 그러는 것입니다.

"그래도 널 참으로 성인이라고 하는데…" 하니, 엉엉 울면서 "저는 억울합니다. 절대로 잘한 게 없습니다." 하면서 도망을 가 버립니다. 천자가 가만히 보니 조작도 아니고 진정이고, 참말로 성인이더란 말입니다. 그래서 대궐 문을 닫고 도망가지 못하게 했습니다. "당신은 참으로 지지리도 못난 사람이고 나쁜 일만 한다고 하는데, 내가 봐도 당신은 진짜 성인이야. 당신 같은 사람이 이 나라를 맡아 정치를 하면 이 나라는 요순시대가 될 테니, 정승을 맡아 헤리." 배도가 그만 눈이 둥그래져서, "폐하, 저 같은 사람이 정승을 하면 백성들이 다 죽습니다. 백성 다 죽이려면 저를 정승하게 하십시오."

"당신 말로는 백성들이 다 죽을 거라지만, 내가 볼 때는 백성들이 다 살 거야. 죽고 사는 건 나중에 보고 일단 정승을 해 봐라."

그리고는 요새말로 억지 감투를 씌워서 정승을 시켰는데, 시키고 보니 명재상이라 당나라가 요순시대가 되었습니다.

그때 오온제라는 반란군이 나와서 나라를 어지럽히니, 어느 누구도 난리를 평정하지 못할 무렵 배도로 하여금 도원수(都元帥)를 시켜 보냈습니다. 배도가 말하길, "이 태평성세에 당신이 이렇게 소란하게 하면 쓰나? 빨리 서로 화해를 하자." 하고는 오온제에게 조건을 내걸었습니다. 그 첫 번째 조건이 "당신 측 그 누구를 막론하고 허물을 묻고 벌을 주지 않는다. 하지만 당신의 군대가 성에 들어가서 백성이든지 군사든지 누구에게든 욕을 하거나 때리거나 재물을 빼앗거나 하면 엄벌을 하겠다." 하니 오온제 측에서 생각해 보니, 이것은 자기 측과 싸우려는 게 아니라 도우려는 것입니다. 배도와 싸워봤자 결국 지겠더란 말입니다. 그래서 미리 항복해버리니 천하가 태평하게 되었습니다. 나라 밖에서는 큰 장수가 되어 적군을 평정했는데 그 근본이 어디 있느냐 하면, 내 옳은 것은 하나도 없다는 거기에 있다는 말입니다. 우리도 이를 근본으로 삼고 귀감(龜鑑)으로 삼아야 합니다. 철이 났다면 언제든지 저쪽이 옳고 내가 그른 줄 알아야 합니다. 내가 그르니 내가 잘못한 사람이고, 저쪽이 옳으니 저쪽이 선지식이다, 그 말입니다. 내 옳고 너 그르다는 생각을 버리고 반성해서, 내가 그르고 네가 옳다고 생각하도록 노력해야 합니다. 말은 쉬워도 당장에 되는 게 아닙니다. 하지만 노력은 해봐야 안 되겠습니까? 방향은 분명히 잡아 놓아야 합니다. 어떻게 해서든지 부처님 말씀대로 방향을 잡아놓고 살면 결국엔 그 방향으로 가게 되는 것입니다.

6

결어

이것이 무엇인고

　　　　　이상으로 화두 참선의 방법과 깨달음의 내용을 대강 이야기했습니다.

　불교의 목표는 성불하는 데 있습니다. 성불은 완전히 깨달아 견성하는 데 있고 견성은 망념을 없애 진여를 증득하는 구경무심에 있습니다. 견성하는 데 가장 큰 장애는 박식과 지혜입니다. 설사 유래 없는 박식함과 남다른 지혜를 갖추었어도, 견성하지 못하면 망망한 업식의 바다에 빠진 중생이어서, 불법에는 눈뜬 봉사요 해탈도에 거스르는 일입니다.

　밥 이야기하는 것으로는 끝내 배부르지 않을 테니 그림의 떡이 어찌 배고픔을 채워 주겠습니까? 오직 실제 참구해서 실제 깨치는 데 있을 뿐이니, 부처와 조사의 공안을 마음을 다해 참구해서 남김없이 뚫어야 합니다. 불조의 공안은 지혜의 빛에서 나온 크고 묘한 작용입니다. 그러므로 무심무념(無心無念) 상적상조(常寂常照) 원증견성(圓證見性) 대원경지(大圓鏡智)가 아니면 공안의 귀결처는 절대로 알 수 없으며, 사량분별로 공안을 헤아린다면 마치 반딧불로 산을 태우려는 격이 되고 맙니다.

그러므로 오매일여의 깊고 깊은 곳에 도달하였어도 공안을 뚫지 못한 것이니, 더한층 분발하여 자기가 참구하는 공안을 끝까지 구명해야만 크게 죽었다가 크게 살아나서 크게 쉬어 버린 대해탈의 구경무심을 철저히 증득합니다. 그리하여 아무 걸릴 것 없이 자유자재한 보임무심의 실천생활이 열리게 됩니다. 이는 완전히 깨달은 후에 '한번 깨달음이 영원한 깨달음'이 되어 영원히 어둡지 않은 불가사의한 경지입니다.

진여본성을 깨달은 이를 불조라 하니 이 깨달음의 문[悟門]은 불교의 생명입니다. 그러므로 이 깨달음의 영역을 부정하면 불교를 파멸하는 최대의 과오가 되므로 천만 부처님의 큰 자비로도 영원히 구제하지 못합니다.

오직 공안을 힘써 참구하여 활연히 깨쳐서, 크게 죽었다 크게 살아난, 항상 적멸하면서 항상 관조하는 대열반인 참 무심을 몸소 증득하여 참으로 견성하고 도를 통한 사람이 되어야 합니다. 화두의 낙처는 유심(有心)으로 알 수 없고 무심(無心)으로도 알 수 없습니다. 둘을 다 떠난 진여본심으로 알 수 있는 것입니다. 화두를 깨치기 전에는 견성할 수 없고 견성하기 전에는 화두를 깨칠 수 없습니다. 구경각을 성취하기 전에는 화두를 모른다는 것이 근본 철칙입니다.

기나긴 세월의 생사를 벗어나는 해탈의 길에는 조금도 거짓이 없어서 실제로 도력이 제7지인 몽중일여가 되어야 어떤 극심한 병고에도 끄떡없고, 나아가 숙면일여가 되면 생사에도 한결같습니다. 그러므로 몽중일여도 못 되는 알음알이로는 아무리 부처와 조사를 넘어서는 호언장담을 병에서 물 쏟듯 하여도, 수행 과정에서 온갖 고통이 맹렬히 솟을 때에는 그것들이 전부 얼음 녹듯 기왓장 부서지듯 사라져서 한 푼의 가치도 없는 것입니다. 이는 고금을 통하여 수도인의 근본 병통이니 설사 몽중일여하여, 병들어서도 공부가 한결같아도 숙면일여하지 못하면, 세상에 뛰어난 지식과 걸림 없는 웅변도 생사의 언덕에서는 풍전등화같이 앞길이 캄캄할 뿐입니다.

그뿐만 아니라 몽중일여도 안 되는 사악한 지혜로 한때의 허망한 명리를 욕심내어 중생을 현혹하면, 이는 자신과 남을 그르치며 부처 종자를 없애는 커다란 마구니이므로, 조사스님들이 온 힘을 다해 경책하셨습니다. 그러니 이 잘못을 확실히 자각하여 사악한 지혜를 완전히 버리고 마음을 돌이켜 정진하면 영원토록 어둡지 않고 아무것에도 걸림 없는 해탈도를 성취할 수 있습니다.

원오스님이 몽중일여에 들어간 대혜스님에게 "언구를 의심하지 않는 것이 큰 병"이라 하여 화두를 자꾸 참구시켜 결국은 바로 깨쳐서 구경각을 성취하게 한 것처럼 우리도 무심지에 들었다 해도 부지런히 화두를 의심하여야 합니다.

공부를 하다가 무슨 경계가 나서 크게 깨친 것 같아도 실제 동정에 일여하지 못하고, 몽중에 일여하지 못하고, 숙면에 일여하지 못하면 화두를 바로 안 것도 아니고, 견성도 아니고, 마음의 눈을 뜬 것도 아닙니다.

그런데 요사이 보면 공부를 해나가다가 어떤 생각이 좀 나면 사량분별이나 객진번뇌가 그대로 있는 자리에서 뭔가 알았다 하고 견성했다 하고 보임한다고 하여 화두고 뭐고 다 내버리는데 이것은 고불고조가 말씀하신 방법과는 전혀 동떨어진 것입니다. 크게 죽은 데서, 대무심(大無心)에서 깨쳐서 크게 살아나면 이 자리가 중도 제일의 법성(法性)의 땅이라고 합니다. 그래서 고불고조가 밟아간 것, 경험한 것을 우리가 바로 성취해야지 이것을 바로 성취하지 않고서 다른 것을 법이다, 도이다, 견성이다 하겠습니까? 크게 죽어서 다시 살아나지 못하면 생사를 절대로 해결하지 못하기 때문입니다.

불교라는 것은 생사문제를 해결하는 것이 근본인데 생사문제가 해결되지 않으면 불법에는 아무 소용이 없습니다. 그렇기 때문에 여기에 대해서 자세한 양상을 알아서 공부하는 데 귀감을 삼아야 할 것입니다.

숙면일여에서 확철대오하여 자기 본성을 환히 보면 그것이 성불입니다. 이런 이는 해탈의 깊은 구덩이를 뛰쳐나오고 비로자나불의 이마를 밟아 버려 한번 얻을 때 영원히 얻어서 미래겁이 다하도록 걸림 없어 털끝만큼도 끊어지거나 바뀌는 일이 없습니다.

진실로 오매일여, 내외명철, 무심무념, 상적상조하여 견줄 수 없이 높은 대법왕으로서 천추만세에 부처와 조사의 스승이 되니, 격식을 벗어난 대장부라고 아니할 수 없습니다. 그러나 이 구경의 깊고 현묘한 곳을 깨치지 못하고서 깨쳤다고 하거나, 얻지 못하고서 얻었다고 하면 법왕을 사칭하고 부처가 될 종자를 없애는 것이니, 그 허물은 천 부처님이 나온다 해도 참회할 길이 없습니다.

다시 한 번 강조하지만 그 근본표준은 잠들어서도 일여하느냐 않느냐, 여기에 있습니다. 그러니 부지런히 화두를 하여 잠이 푹 들어서도 크게 살아나고 크게 깨쳐서 화두를 바로 아는 사람, 마음 눈을 바로 뜬 사람이 있기를 바랍니다. 그래서 오늘 이야기를 가만히 생각해서 하나라도 좋고 반쪽이라도 좋으니, 실제로 마음의 눈을 바로 뜬 사람이 생겨서 부처님 혜명(慧命)을 바로 잇도록 노력합시다.

옛사람이 말하기를 "알면서도 일부러 저지르면 산 채로 지옥에 떨어진다" 하였으니, 어찌 경계하지 않겠습니까?

불교에서 공인된 견성과 성불은 제8아뢰야식의 무기무념까지도 뽑아 버리고 근본 미세망념까지도 뽑아 버린 무념이라야 견성이고 성불임을 잊어서는 안 됩니다. 자성을 깨친 이 사람이 바로 조어장부(調御丈夫)이며 천인사(天人師)이며 부처이며 세존입니다.

여러분 가운데서도 여러 가지로 공부하는 사람이 있을 것입니다. 염불이나 주력(呪力)을 하든지 또는 경을 보아 삼매를 성취하여 성불한다는 등등 많은 방법이 있습니다. 그러나 그 무엇보다 화두(話頭)를 참구하는 것이 성불하는 지름길이라고 조사스님들은 다 말씀하셨습니다. 그러니 누구든지 화두를 해야할 것입니다. 이제 내가 화두를 일러주겠습니다.

마음도 아니요 물건도 아니요 부처도 아니니 이것이 무엇인고.

내가 일러준 이 화두의 뜻을 바로 알면 부처가 되고 조사가 되고 자성을 바로 볼 수 있습니다. 흔히 이 화두를 잘못 알고 "마음이라 하면 어떻고 물건이라 하면 어떻고 부처라 하면 어떠냐"고 하는데 그렇게 하면 안 됩니다. 어느 때 어느 곳에서 무엇을 하든지 늘 마음속에 '이것이 무엇인고' 하고 의심을 지어 가야 합니다. 다만 지금까지 자기가 참구하는 화두가 있는 사람은 그 화두를 놓치지 말고 더욱 간절한 의심을 지어 가야겠습니다.

앞에서 무착스님이 문수보살을 친견한 이야기를 했는데, 문수보살이 무착스님에게 설한 법문을 전하면서 이야기를 마무리하겠습니다.

> 누구나 잠깐 조용히 앉아 있으면
> 항하사 모래알같이 많은 칠보탑을 만드는 것보다 낫다.
> 칠보탑은 결국 부서져 티끌이 되겠지만
> 한 생각 깨끗한 마음은 바른 깨달음을 이루느니라.

지금 일러준 화두의 '이것'을 알아야 제불조사들의 법문을 알 수 있고 사중득활을 알 수 있으며 천하 노화상과 고불도 이르지 못한 깊은 경계를 바로 깨달을 수 있습니다. '이것'은 실제로 깨쳐야 하는 것이지 사량분별로 따질 것이 아닙니다. 오매가 일여한 곳에서 다시 살아나야만 비로소 아는 것입니다. 끝으로 한마디

하겠습니다.

그러면 죽었다가 다시 살아났을 때엔 어떠한가?
초(初)는 31이요, 중(中)은 9요, 하(下)는 7이다.
억!!!

이것을 분명히 안다면 지금까지의 이야기를 빠짐없이 알겠지만 이것을 모른다면 천 년 만 년 아무리 지껄여보았자 입만 아프지 아무 소용이 없습니다.
부디 부지런히 정진하기를 바랍니다.

지상
문답

＊＊

● **스님 A** _ 스님께서 조주스님의 "개에게는 불성이 없다[無]"는 '무자'를 들어서 동중일여, 몽중일여, 오매일여, 숙면일여를 거쳐 깨친다고 말씀하셨는데 일초직입여래지(一超直入如來地)라고, 그냥 한마디 들었을 때 바로 깨치는 분들이 있지 않습니까?

● **큰스님** _ 그래! 바로 들어가는 분이 있지. 그런 일이 없다는 것이 아니야. 누구라도 사다리를 꼭꼭 밟고 올라가라는 말이 아니야. 동정이니 숙면이니 몽중이니 하는 것에서 그걸 초월해 버려야 하지, 거기에 걸리면 안 된다 그 말이야. 지금 일초직입했다 해도 숙면에 안 되든지 몽중에 안 되든지 하면 안 돼. 예전에 일초직입여래지했다는 스님들을 보면 숙면에서도 일여한 그 경계를 지나가야 한다 말이야. 예전 스님들은 세 가지로 나눠서 말씀하시지 않거든? 현사(玄沙)스님같은 유명한 대 도인 스님은 숙면일여만 말씀하신다 말이야. 숙면일여 아래 것은 말할 것도 없는 것 아니겠어? 누가 깨쳤다면서 선지식이라고 하면서 찾아오면, "네가 깨친 경계가 일초직입해서 초겁(初劫)을 깼다 하지만 그러면 잠이 꽉 들어도 잊어버리지 않고 그 경계가 있느냐?" 이러거든. 알겠어? 그렇다면 '일초직입여래지'라는 것이 없는 건 아니야. 있지만, 숙면일여, 즉 숙면에도 일여하는 그 경계에서 반드시 살아나야지, 그렇지 않으면 안 된다 말이야. 제가 아무리 크

게 깨쳤다고 해도, 일초직입했다고 해도 숙면일여 안 되면 안 돼. 아무런 소용이 없단 말이야. 그런 것은 쓸데없는 망상이고 망념의 근본이니 아무 소용없는 것이라고. 공부하는 것을 자세하게 말하자니까 동정이니 몽중이니 숙면을 얘기하는데, 예전 큰스님들은 대개 무엇을 말했느냐 하면, 제일 마지막인 숙면만 얘기했거든. "네가 큰소리치면서 조사라 하고 '일초직입여래지' 했다 그러는데, 그러면, 잠 꽉 들어도 네 경계가 일여하냐?" 이렇게 달려들거든? 그 꽉 잠든 속에서도 한결같이 못하면 소용없단 말이야. 일초직입은 무슨 일초직입이야? 아무 소용없어. 그렇다면 꼭 이걸 계단을 밟아 올라가듯 하라는 말은 아니야. 단계를 밟아 올라가든, 일초직입, 한 번에 뛰어올랐든, 숙면에도 일여한 이 경계를 반드시 통과해야지, 이 경계를 통과하지 못하면 아무 소용없단 말이야. 그럼 알겠어?

- **스님 A**   _ 예!
- **큰스님**   _ 예전에 조사스님들 쳐놓고 숙면일여를 통과 못한 스님은 없어. 예전 스님들 중에도 여러 번 깨친 스님도 있고 한 번에 단박 깨친 스님도 있고, 사람도 여러 종류가 있어. 고봉(高峰)스님처럼 몽중일여 되어서 숙면일여를 통과한 스님도 있고, 한 번에 숙면일여로 바로 통과한 스님도 있고, 어떤 스님들은 또 하다가 동정일여도 안 되어서 확철했다고 하는 스님도 있고. 그러니 사람

이 근기에 따라서 삼단(三段)을 다 밟아 가는 사람도 있고, 한 번에 뛰어 넘는 사람도 있고 하지만, 결국 잠 꽉 들은 숙면에서도 일여한가, 그게 근본이거든. 거기에서 일여하지 못하면 제가 아무리 크게 깨쳤다 하더라도 소용없어! 현사스님 같은 이는 선(禪) 교(敎)를 통한 유명한 큰스님 아니겠어? 그런데 늘 숙면만 말씀하셨거든? 또 박산(博山)스님 같은 이도 숙면일여만 가지고 주장했거든? 그러니 망상 분별은 생사의 근원이라고 하듯이 그런 생각은 소용 없다, 이 말이야. 또? 화두하는 방법, 궁금한 사람?

**

● **스님 B** _ 저는 '이뭐꼬'를 잡고 있습니다. "눈으로 보고 귀로 듣는 이것이 무엇인고?" 하면, 이것이 잘못된 데는 없습니까?

● **큰스님** _ 근데, 내가 '이뭐꼬'를 하는 사람 참으로 많이 봤는데, "눈으로 보고 귀로 듣고 하는 이것이 무엇인고?" "보고 듣고 하는 이것이 무엇인고?" 이 말이지? 너는 몇 해나 됐나? 화두 한 지 몇 해나 됐어?

● **스님 B** _ 삼년 정도 되었습니다.

● **큰스님** _ 삼년 돼? 대부분 "보고 듣고 하는 이것이 무엇인고?"처럼 "이것이 무엇인고, 이것이 무엇인고?" 이렇게 하는데 어떤 사람은 오래 해도 안 되는 사람 봤어. 아는 어떤 처사가 '이뭐

꼬'를 했어. "이것이 무엇인고?" 이렇게 가만히 생각하고 있으면, "이것이 무엇인고?" 하면서 가만히 들여다 보고 앉아있는 식이 되어버려. 무슨 말인지 알겠어? 이런 식이 되면 그만 정에 들어가 버린단 말이야. 그 처사가 그렇듯이 흔히 그런 사람이 많거든. 그래서 "이것이 무엇인고?", "이뭐꼬"라는 것이 경계를 하나 집착해서 "내가 지금 들여다보고 있는 이것이 무엇인고?" 하는 그런 병폐가 따라가는 수가 있어. 또 어떤 것이 있냐 하면 "보고 듣고 하는 이것이 무엇인고?" 하기도 하는데 이러면 나중에는 자꾸 산만해진다 말이야. 그저 보고 듣고 하는 경계에 따라서 "이것이 무엇이냐?" 하면서 산만해지는 쪽으로 병폐가 또 생긴다 말이야. 그래, 알겠어?

● **스님 B** _ 예!

● **큰스님** _ 그러니 이제 '이뭐꼬'를 할 때는 이 병폐 저 병폐를 없애기 위해 예전 조사스님들은 어떻게 말씀하셨느냐 하면, "마음도 아니요, 물건도 아니요, 부처도 아닌 이것이 무엇인고?" '이뭐꼬'를 하려면 그런 식으로 하라고 했어. 마음도 아니고 물건도 아니고 부처도 아니란 말이야. "그러면 이것이 무엇인고?" 이렇게 해야 들여다볼 수도 없고 경계에 따라서 이리저리 자꾸 따라 갈 수도 없게 되는 거야. 한 20년 '이뭐꼬' 하다가 포기하는 사람도 더러 봤어. 자꾸만 보고 듣고 하는 이것은 무엇인고, 하고

따라다니다 보니 자꾸 산만해지고 결국 안 되는 거야. 그런 사람들 더러 봤는데 이왕 '이뭐꼬'를 했으니까, 방법을 잘 알아야지. 보고 듣고 하는 이것이 무엇이냐, 이렇게 하지 말고. 알겠어?

- **스님 B** _ 예!
- **큰스님** _ 예전에 조사스님께서 하신 말씀이 다 있어. "마음도 아니요 물건도 아니요 부처도 아닌 이것이 무엇이냐?" 이렇게 하라 하셨어. "보고 듣고 하는 이것이 무엇이냐?" 할 때 '이것'만 바로 알면 되는데 방법이 자꾸 산만해진단 말이야. 무슨 소린지 알겠어? 보고 듣고 하는 '이것'을 알면 그만이야. 이것이 무엇인지 바로 알면 마음이나 물건이나 부처나 이런 걸 바로 알 수가 있는데, 방법 면에서 자꾸 보고 듣고 하는 이것이 무엇인고, 자꾸 이러다 보면 산만해져서 병폐가 되는 수가 있어. 그래서 그런 걸 없애기 위해서, 마음도 아니요 물건도 아니요 부처도 아닌 이것이 무엇이냐, 이런 식으로 하라고 말씀했거든. 나는 그래서 '이뭐꼬' 하는 사람이 있으면, '이뭐꼬'를 아주 버리지는 말아라, 그런 소리는 잘 안해. 병폐가 깊이 들면 무엇으로도 안 돼. 그런 사람한테는 아예 완전히 버리라 해. 그리고는 완전히 다른 화두를 가르쳐주지. 화두 든다는 사람한테 마음도 아니고 물건도 아니고 부처도 아닌 이것이 무엇이냐, 그렇게 알려주면 좀 달라져. 보고 듣고 하는 이것이 무엇이냐, 이렇게 하는 것보다. 내 말 알겠어? 그러

면 되었고, 또?

**

● **스님 C** _ 저는 '무자'를 드는데요. 호흡에 맞춰서 호흡을 가늘게 하면서 들이마시고 내쉬고 하면서…….

● **큰스님** _ 그래, 화두하는 데 흔히 호흡을 하느니 단전을 관하느니 그런 사람 더러 있어. 그런데 단전을 관한다는 것은 상기가 나서 머리가 아파 공부를 못할 적에 일이고, 알겠어?

● **스님 C** _ 예!

● **큰스님** _ 그럴 때 단전을 하면 좀 내려가거든.

● **스님 C** _ 예!

● **큰스님** _ 그래. 단전, 그것도 상기가 심하게 나면 아무리 단전을 해도 머리가 더 아파. 나중에 가서는 소용도 없거든. 그런데 혹시 병 같은 것과 관계 있어서 단전을 관하고 그러는데 본시 호흡하고 화두하고는 관계가 없어. 화두할 때는 화두만 부지런히 해서 몸뚱이가 있는지 없는지 그것도 잊어버려야 하는데, 호흡에 맞추고 단전에 맞추고 그러면 화두에 전념이 안 돼. 상기가 일어나서 단전을 하지 않으면 머리가 아파 화두 못하는 사람은 할 수 없어서 단전으로 하는데, 그것도 상기가 너무 심해지면 더 아파. 그러다 보면 영원히 공부 못하는 거야. 그런 사람 많아. 상기병이

없으면 화두할 때는 호흡 맞출 것도 없고 단전 맞출 것도 없고 오직 화두만 생각해보란 말이야. 어째서 "무"라 했는지, 그것만 생각해야 되지, 몸뚱이 가지고 따지는 호흡 같은 건 신경쓰면 안 돼. 어떤 사람은 호흡을 이야기하면서 이럴 땐 이렇게 하고 저럴 땐 저렇게 하라고 하는데, 본래 우리 선문, 조사문중에서는 호흡 같은 것은 배척하는 법이야. 화두만 하는 거야. 알겠어? 이 생각 저 생각 하지 말고 화두만 부지런히 해. 또?

**

● **스님 D** _ 저는 '부모미생전 본래면목(父母未生前 本來面目)' 화두를 드는데, 화두가 잘 안 됩니다.

● **큰스님** _ 뭐가 어떻게 안 되는데?

● **스님 D** _ 부모한테 몸 받기 전에는 과연 내가 뭐였던가, 그렇게 잡고 있습니다.

● **큰스님** _ 내가 뭐였던가, 내가 무엇이던가? 개였나, 소였나, 말이었나, 사람이었나? 허허. '부모미생전' 같은 것도 한문 아니겠어? 그러니까 그냥 "뭐였는가?" 이러는 것보다 "어떤 것이 나의 본래면목이냐?" 이렇게 해야 돼. 예전 조사스님들이 말씀하시는 것을 보면 "어떤 것이 나의 본래면목인고[如何是 余本來面目]?" 이렇게 하신단 말야. 무슨 말인지 알겠어? 육조스님도 도명스님보고

"선도 생각하지 말고 악도 생각하지 마라. 바로 이러한 때에 어떤 것이 너의 본래면목인고?[不思善 不思惡 正與麼時 如何是 明上座 本來面目]" 이러셨어. 그래서 '본래면목' 하면 '여하시'에서 출발하는 것이고 '본래면목'을 묻는 경우는 드물어. 물어도 "어떤 것이, 즉 여하시(如何是)" 하는 이것이야. "어째서" 하는 것과 같은 방법이야. 이렇게 말하고 보니 네가 말하는 것과는 좀 다른 것 같은데? 네가 묻는 것이 뭐였지?

- **스님 D** _ 부모한테 몸 받기 전에는 나는 뭐였는가?
- **큰스님** _ "뭐였는가?" 하는 것도 통하긴 통하는데, 그러다 보면 소였는가, 개였는가, 하는 그런 생각에 까딱하면 빠질 수가 있어. 그러니까 이제는 그렇게 하지 마. "뭐였던가?" 이렇게 하지 말고 "어떤 것이 나의 부모미생전 본래면목인가?" 하면서 "어떤 것이" 이 "여하시(如何是)"를 잊어버리지 말아야 해. 예전에 향엄스님이라고 유명한 큰스님이 계셨는데 본래 백장스님 제자야. 백장스님 돌아가시고 난 뒤 같은 백장스님 제자인 위산스님한테 가 있는데, 이 스님이 얼마나 총명하고 변재가 있는지를 알 수가 없어. 그래서 위산스님이 가만히 보니 이 사람 아무것도 공부가 없는데도 저런다 말이야. 그래서 부르게 되었어. "네가 총명이 제일이고 변재가 제일이어서 천하제일인데, 내가 물으면 대답 못하는 게 뭐 있겠어? 그래도 내가 한 가지 물을 테니 이걸 한번 대답해

봐라." 하고는 본래면목을 물었어. "어떤 것이 너의 부모미생전 본래면목이냐?" 이랬거든. 다른 건 다 물어도 둘러댔는데 "어떤 것이 너의 부모미생전 본래면목이냐?" 이러니 그 물음에는 대답 못하고 막혔다 말이여. 향엄스님이 생각을 했어. '위산스님이나 나나 사람은 똑같은데 위산스님은 큰스님 되어서 큰소리 탕탕 치고, 나는 이제 천상 어디 가서 굶어 죽을지라도 다시는 선방 밥 안 먹고 어디 가서 토굴에 들어 앉아 화두나 얼른 해서 공부를 성취해서 나오리라.' 하고는 달아나버렸어. 자기가 가지고 있는 책은 전부 다 찾아봤거든? 전부 다 찾아봐도 "어떤 것이 부모미생전 본래면목인고?"에 대한 것은 자료가 하나도 없단 말이야. 그래서 모두 불을 지르고는 남양혜충 국사가 계시던 토굴에 가서 토굴 짓고 살았어. 그렇게 발심해서 살았지. 그래서 다른 것은 그만두고, 부모미생전 화두를 공부할 때는 "부모 몸 받기 전에는 나는 뭐였던가?" 하는 것이 나쁘다는 건 아닌데, "어떤 것이 부모미생전 본래면목인가?" 이렇게 해. 네가 하는 것하고는 조금 다른 것 같아? 내가 말한 대로 해. 알겠어? 그래, 또? 또 할 사람 없어?

**

- **스님 E** _ 조주 '무자'를 드는데, 아예 의심을 내기 위해서 '무자의 의미는 무엇일까?' 이러면서 의심을 냅니다.

● **큰스님** _ 근데, '무자의 의미는 무엇일까?' 하는 것도 아주 나쁜 것은 아닌데 화두할 때는 그냥 '무자의 의미는 무엇일까?' 이러지 말고, '조주가 무(없다)라고 했는데 어째서 무(없다)라고 했는가?' 그렇게 하는 게 화두 근본정신이야! 무자에 대해서 여러 가지 말들을 하는데, 또 흔히 '준동함령(蠢動含靈)이 개유불성(皆有佛性)', 일체 준동함령이 불성이 다 있는데 조주는 어째서 개는 불성이 없다 했는가, 그러면 의심 나기가 쉽다, 그렇게 흔히 많이 하거든? 근데 그러면 이건 유무 상대가 돼버려. 이것이 있다 없다, 일체함령이 전부다, 이런 생각을 한다 말이야.

부처님은 불성이 있다 하셨는데 왜 조주는 개는 불성이 없다고 했나? 이런 유무 상대가 돼버린단 말이야. 그런데 조주 무자는, 예전 스님도 하신 말씀이 "불시유무지무(不是有無之無)이며 불시진무지무(不是眞無之無), 유무의 무도 아니고 진무의 무도 아니다." 이러시거든. "준동함령이 개유불성인데 조주는 왜 개는 없다 그랬는가?" 이러면 금방 의심이 깨져버려. 유무(有無) 가지고 따지면. 알겠어? 그러니, 유무(有無)의 무(無)가 아니다 그러면 유무로 따지면 안 되거든? 흔히 보면 유무라 해서 "어째서 무라 했는가?" 이렇게 하는 사람이 간혹 더러 있는데, 그러면 "유무의 무가 아니다." 이래버리면 이 화두가 깨져버린다, 그 말이야. 알겠어? 그러니 유무를 떠나서 조주가 분명히 무라 했는데 어째서 무라 했는지, 그 이유를 알아야 해. 유무니 상대를 떠나니 할 것 없이, 조주가 무라고 한 이유는 분명히 있지 않겠어? 조주가 무라고 한 이유를 모르니, 어떻게 했든지 "어째서 무라 했는가?" "어째서 무라 했는가?" 그렇게 자꾸 해 나가야지, 그 무의 뜻이 무엇인가, 하면서 자꾸 분석하는 식으로 하는 건 좀 덜 좋은 것이야. "어째서?" "어째서?" 그렇게만 하면 좋단 말이야. 그래서 화두한다면, "조주는 무라 했는데 어째서 무라 했는가?" "어째서 무라 했는가?" 그것으로 하는 게 근본 원칙으로 서 있어! 그래, 또? 그 옆에 사람.

**

- **스님 F** _ 저는 무자를 좀 들고 있는데…….
- **큰스님** _ 그래.
- **스님 F** _ 강원에서 강의 듣고 스님들하고 이야기를 하다가 무자에 대한 화두를 들었는데, 처음 무자를 어떻게 들었나 하면, 희로애락을 모두 공(空) 화두로 봤습니다. 그러다가 지금은 화두를 '어째서 무인가?' 하고 있습니다. 그런데 그걸 떠나서 저는 화두라 하는 것이 의정(疑情)과 신심(信心)으로써 들어야 되는데, 저는 책에서 화두를 찾아서 지금도 화두를 들고 있습니다. 거기에 대해서 방장스님께서…….

● **큰스님** _ 그럼, 책에서 화두를 얻었으면 책을 찾아보면 될 것 아닌가? 나한테 물어볼 게 뭐 있어?

● **스님 F** _ 더 좋은 방법을 제가 알고 싶어서…….

● **큰스님** _ 아니, 너는 책을 보고 하고, 책을 믿고 하니까 의심나는 게 있으면 책을 찾아보면 될 것 아니냐, 이 말이야. 안 그래? 그래야 하지 않겠어?

● **스님 F** _ 그런데 법에는 상법(像法)과 말법(末法)이 없다 하지 않았습니까?

● **큰스님** _ 응!

● **스님 F** _ 그러나 말법에 가서는 법이 퇴색하니 책을 의지해서 부처님과 조사스님을 의지해 착실히 살아야 되지 않습니까?

● **큰스님** _ 응!

● **스님 F** _ 그런 것을 제가 듣고 본 건데…….

● **큰스님** _ 그래! 그런 걸 봤으니 내가 말한 것이 아무리 해도 책만 못할 것 아닌가?

● **스님 F** _ 아닙니다. 그래서, 그렇다면 스님의 높으신 지혜로 저의 화두법이 타당한가 아닌가, 그것을 제접해 주십사 합니다.

● **큰스님** _ 그러면 책에 있는 것보다 내 말 좀 믿어 보겠다, 이 말인가?

● **스님 F** _ 예.

● **큰스님** _ 너뿐만 아니라 책 보고 하는 사람 많이 봤어. 그러고서는 "아이구, 요새 뭐 선지식이고 늙은지식이고, 참 지식이 있나? 예전 조사스님들이 제일이지. 책 보고 하는 것이 제일이야." 그런다 말이야. 책을 보면, 예전 조사스님 어록이니 권위가 서 있고 하지 않겠어? 요새 선지식이라고 하는 사람은 진짜인지 가짜인지 알 수가 없고 말이지. 그러니 그 사람 말을 어찌 다 믿을 수 있겠어? 그러니 차라리 책을 의지하는 게 낫지 않을까, 하는 생각에 책을 의지해서 하는 사람 더러 많이 봤기에 하는 소리야. 사람을 만나면서 진짜인지 가짜인지, 이런 분이 진짜 선지식인지 아닌지, 이런 생각이 드는 사람은 곤란한 문제도 있어서 그런 사람하고 얘기해봤자 아무 소용없거든. 너처럼 책보고 하는 사람은 책이 근본인데 책을 의지해서 책에서 찾아보라는 것, 그게 너를 위해 제일 좋은 방법 아닌가 이 말이야.

● **스님 F** _ 저, 스님께서 저의 이야기를 잘못 들으신 것 같습니다.

● **큰스님** _ 뭘 잘못 들어, 이놈아!

● **스님 F** _ 저는 책 속에서 화두를 정했지, 책을 의지한다는 말이 아닙니다.

● **큰스님** _ 의지하는 게 아니라고? 그래서?

● **스님 F** _ 예. 그런데 그것에 대해서 스님께서 화두를……

- **큰스님** _ 그래, 그래. 이야길 해 봐. 내가 그렇게 하는 사람 많이 봤는데, 그렇게 하려면 책을 완전히 내버리고, 알겠어?
- **스님 F** _ 예!
- **큰스님** _ 완전히 내버리고. 내 말을 좀 들어봐야겠다, 하는 기분이 생기나? 어때? 너는 본사가 어딘가?
- **스님 F** _ 충남 마곡사입니다
- **큰스님** _ 아, 마곡사 있어! 어디 출신인지 잘 몰라서. 네가 왜 그리 묻는가는 내가 그래도 잘 모르겠지만, 그리 물어보고 싶어 한번 물어보는 것 같아. 내 말을 들으려면 책을 내버리고 해야 하는데, 그런데 아무리 들으려고 그래도 책에 대한 집착이 강해.
- **스님 F** _ 저, 책은 그 뒤로는 보지 않았습니다. 무자 화두를 제가 들어보니 좋아서 몇 년 동안 계속 들었습니다.
- **큰스님** _ 스스로 좋아서 들었다. 설사 좋아서 들었다 해도 무자는 나쁘다, 이 말은 아니야. 아까 말했듯이 책을 보고 그냥 하지 말고 화두는 배워야 된다, 그 이야기를 했거든?
- **스님 F** _ 예.
- **큰스님** _ 그러니 제일 좋은 방법이 뭔가 하면, 책은 무엇이든지 아무래도 한계가 있는 것이고, 네가 공부하다 의심나는 건 책을 찾아 보아도 해결할 수 없는 문제가 여러 가지야. 그렇게 곤란한 게 많이 있고 하니까 사람을 선택해서 화두를 실제로 배워

야 되지, 그냥 책 보고 하는 사람은 하다보면 잘 안 되니까 이것저것 갈팡질팡 하다가 포기하고는 새로 배우는 사람 여럿 봤어. 그래, 내가 이렇게 이야기하니 네 생각은 어때?

● **스님 F** _ 큰스님들께서 화두 주시는 거 받아야되지만, 저는 무자를 많이 좋아합니다.

● **큰스님** _ 그래, 무자를 하는데, 그럼 나도 좀 에누리해서 말이야, 그건 놔두고, 그 무자를 어떻게 하는데 어떻게 하면 좋다, 그 말 좀 해봐라. 지금 내가 이야기한 거 다 놔두고, 사람한테 배우든지 책보고 하든지 그게 문제가 아니라, 너의 지금 요령은 어디 있어?

● **스님 F** _ 예?

● **큰스님** _ 지금 네가 말하는 요령이 어디 있는가 말이다. 네가 하는 화두를 인정해 주고 나한테 묻고 싶은 뜻이 어디 있냐 그 말이야.

● **스님 F** _ 스님께요?

● **큰스님** _ 그래. 무자를 하는 데 어떤 것이 의심나나 이 말이다.

● **스님 F** _ 예?

● **큰스님** _ 무자가 되었든 무슨 자든 뭐든 할 것 없이 배운다는 것이 다 인연으로 배우는 것 아니겠어? 예를 들면 정전백수자

고 조주무자든지 있는데, 그걸 배우더라도 반드시 사람한테 배워야 되지, 알겠어?

- **스님 F** _ 예.
- **큰스님** _ 혼자서 책을 보고 하면 결국 여러 가지 부작용이 생겨서 공부를 잘못 하는 것을 많이 봤다 그 말이야. 그러니 내가 "화두는 꼭 사람한테 배워야 된다" 이렇게 전제를 했어.
- **스님 F** _ 예.
- **큰스님** _ 그런데 네가 책을 보고 했다 하길래 그럼 책한테 물어봐라, 그렇게 내가 말한 것인데, 그런 걸 지금 말하려면 자꾸 복잡해지니까, 네가 지금 하는 건 인정해주고, 책을 보고 하든지 사람한테 물어 하든지 배워 하든지, 무자 하는 건 인정해 주는데, 그래, 나한테 묻고 싶은 게 뭐냐 그 말이야.
- **스님 F** _ 제가 강의 때 강원생하고 여러 번 토의해 보기도 했습니다. 선가의 가풍으로써 제가 무자를 공부하는 데에 도움이 되도록, 강원생들을 위해 지도해주시면 감사하겠습니다.
- **큰스님** _ 그 말이 나한테 하는 소린지 무슨 소린지 모르겠는데, 좋아! 그건 그만두고. 이것저것 다 두고 말이야, 조주가 어째서 무라 했나, 그것 한번 대답해봐라!
- **스님 F** _ 그, 처음부터요?
- **큰스님** _ 에이, 이놈아! 임마, 조주가 왜 무라고 했나? 그것

을 대답해 보란 말이야! 모르겠어? 알겠어?

- **스님 F** _ ……?
- **큰스님** _ 네가 뭘 알지 모를지를 내가 물을 필요도 없는데, 조주가 어째서 무라 했는지 그 뜻을 모른다 말이야. 모르니까 조주가 어째서 무라 했는지 그것만 해. 다른 얘기 자꾸 하려면 말이 많아지고 하니까 이말 저말 다 들을 필요는 없고. 네가 책을 보고 했든지 사람에게 배웠든지 그런 건 안 묻는다 했잖아. 사람에게 배우는 게 좋은데 그건 그만두고, 네가 지금 무자를 한다 하니, 내가 한 번 물어 보고 싶은 건 조주가 어째서 무라 했는지, 그걸 한 번 대답해 보라 이 말이야. 알겠어?
- **스님 F** _ 예.
- **큰스님** _ 그건 네가 분명히 모르지? 알겠다는 생각이 들어? 그걸 분명히 모르니, 모르면 알아야 될 게 아니겠어? 그러니 "조주가 어째서 무라 했는가? 어째서 무라 했는가?" 그것만 계속하란 말이야. 그럼 대강 알겠어?
- **스님 F** _ 예!
- **큰스님** _ 그래, 그래. 조주가 어째서 무라 했는가, 그것만 해. 또, 또?

**

● **스님 G** _ 한 말씀 드리겠습니다. 저는 무자를 들고 공부하고 있습니다. 모든 스님이 화두를 다 들고 공부하고 있잖습니까?

● **큰스님** _ 그래.

● **스님 G** _ 그런데 화두를 미는 강도를 어느 정도로 밀어야 되는지, 예를 들어서 말할 것 같으면, 화두를 아주 조급하게 밀면 좀 되는 것 같고 허술하게 밀면 안 되는 것 같고, 그것을 적당히 한다는 게 참 어렵습니다. 그것에 대해 얘기를 좀 해주십시오.

● **큰스님** _ 그런 것은 참고가 되는 이야기네. 아까 전제하듯이 무자를 든다면 "조주가 어째서 무라 했는가?" 그것이 근본 생명이고 요령이고 근본이 아니겠어? 그걸 대답하지 못하면 "어째서 무라 했는가?" 하고 자꾸 할 수밖에 없어. 예를 들어 말하자면, 성질 급한 사람은 마음이 조급해지고 이러다 보면 나중엔 공부가 문제가 아니라 머리도 아프고 이래서 아무것도 안 되고 말아. 거문고 줄을 너무 조이면 팽팽해서 제 소리 안나겠지? 또 너무 풀면 느슨해서 소리가 안나. 알겠어? 그러니 너무 급하게도 하지 말고 너무 느리게도 하지 말고 좀 자연스럽게 "조주가 어째서 무라 했는가?" 하고 생각을 해야 한단 말이야. 흔히 안 된다고 자꾸 어째서, 어째서, 하면서 성급하게 하다가 머리가 아프고 상기가 나고 하면서 고생하거든. 또 그렇다고 서두르면 병 생긴다고 너무 느슨하게 하면 자꾸 혼침에 빠져서 공부가 안 되고 만단 말

이야. 그러니 너무 급하게도 하지 말고 너무 느리게도 하지 말고 거문고 줄 고르듯이 "어째서 무라 했는가?" 하고 생각해야 해. 화두하는 것은 생각하는 거지 외우는 게 아니야! 너무 급하게도 생각하지 말고 너무 느리게도 생각하지 말고 자연스럽게 생각하란 말이야. 자연스럽게 하는 것이 좀 어려운데, 그래도 자꾸 해 보면 요령이 생겨. 화두는 외우는 것이 아니고 어째서 무라 했는지 그 이유를 알아야 한다, 그거야. 무슨 말인지 알겠어? 또 질문할 사람 없어?

**

● **스님 H** _ 저는 선방에 다닌 것도 아니고 해서 화두를 큰스님한테 받은 것도 아니고 배운 것도 아니고, 그냥 강원 다니다가 갑자기 떠오른 한 생각이 있어서 '일체유심조(一切唯心造)'라는 마음이 떠올라, 어째서 모든 것이 일체유심조일까? 그 마음이 도대체 어떤 것일까? 이렇게 들어 왔습니다. 근데 한 가지 염려되는 것은 큰스님한테 화두를 이렇게 타 가지고, 공안을 타 가지고 한 것도 아니고 그렇다고 책을 봐서 한 것도 아니고 제가 혼자 이렇게 공부하다가 하나 떠올라 했는데 그렇게 화두를 해도 되는 건지 좀 염려가 됩니다. 그리고 또 한 가지는 일체유심조라고 했는데 그 마음을 보면, 한 마음은 어떤 마음인가? 그렇게 생각합니

다. 그것도 의심이 좀 들어서 거기에 대해 큰스님께서 확고한 지시를 애기해 주시면 저는 자신있게 화두에 매진할 수 있을 것 같습니다.

● **큰스님** _ 확고한 지시라. 자꾸 같은 소리지만, 너처럼 제 맘대로 화두하는 사람은 내가 상대도 안해, 그전에는……. 무슨 말인지 알겠어? 에누리해서 기정사실을 인정해 준다고 하자. 그런데 참으로 좀 열심히 해 보겠다고 발심해서 이런저런 애기 듣고는 자꾸 이랬다 저랬다 하고 갈팡질팡해서 공부가 되지 않고 허송세월 하는 사람 많거든. 그러니 아까 누가 말한 것처럼 책을 의지하는 것은 좋은데 책을 의지하면 책 보고 물어보라 그거야. 그런데 아무리 해도 참선이라는 건 책 가지고 되는 건 아니거든. 사람에게 배워야 한다 말이야. 하지만 사람에게 배워야 한다고 해서 내가 뭐 잘났다고 내가 시키는 대로 해라, 이러기도 곤란하잖아? 나를 개별적으로 찾아와서 그런 것이면 이렇게 말 안 해. 나를 꼭 믿고 찾아 왔으면 내가 시키는 대로 해라 그러지. 그럼 말이야. 내가 일체유심조를 가르쳐줄지 뭘 가르쳐줄지 지금은 말할 수 없는데, "그럼 절 삼천배하고 새로 화두를 배워라" 이렇게 말해. 너는 어떡하면 좋겠어? 절하기 어렵냐?

● **스님 H** _ 아닙니다.

● **큰스님** _ 너는 어딘데, 어디 중인데? 강원에 있었나?

- **스님 H** _ 예!
- **큰스님** _ 그러니 내가 지금 낯이 설어.
- **스님 H** _ 옛날에 삼천배 하고 큰스님한테 화두를 마삼근…….
- **큰스님** _ 그럼 마삼근 내버리고, 이제는 네 맘대로 하는가 보지?
- **스님 H** _ 강원다닐 때는 화두라는 생각이 잘 안 들어서…….
- **큰스님** _ 용맹정진 들어가려고 그때 화두 막 배우고 그랬나?
- **스님 H** _ 예!
- **큰스님** _ 그래, 이제는 화두를 해야 되겠다, 하는 가닥이 서 있어?
- **스님 H** _ 예!
- **큰스님** _ 서 있으면 말이야. 이렇게 이야기하면 아까 누구는 그냥 에누리해 주고 너한테는 절하고 새로 배우라 하는가, 하는 불평이 있을는지 모르겠는데, 화두하는 법 배우고 싶어 하니 그렇게 또 한번 해 보자. 삼천배 하고 내가 무슨 소리 할는지, 날 믿고 말이야, 응? 믿고 화두 다시 배우게. 그렇게 갈팡질팡하는 사람 많이 봤어. 분명히 내 지시대로 하겠느냐면 하지. 물론 요

새는 그것도 잘 못하거든. 신도나 그냥 화두 배우러 온 사람은 여기저기서 베껴서 그냥 주고 중간에 시자가 전해주고 이러지. 내가 이제 나이도 많고 다 만날 수도 없으니. 그전에 한 오십 되니까 '하이고, 내가 오십이구나' 싶었는데 벌써 스물다섯 해가 넘어가 버렸어. 그러니 기운도 없고 다 상대하기 힘들어. 그래도 이 퇴설당은 좋은 것이 있어. 문 꽉 잠가 놓으면 그만이야. 백련암에 있으면 시자들이 매일 사람 상대하면서 싸우는 게 일이야. "아이구, 좀 인사만 하고 가자." 뭐뭐 하면서 온갖 사람이 다녀가니 말이야. 그 사람들 다 막으려 하니 백련암 식구들 불쌍해. 그 사람들은 신심으로 천리길을 왔는데 안 된다 하니 이것도 딱한 일 아니겠어? 여기서는 꽉 잠가놓고 가만 들어앉아 있으면 누가 인사하자고 할 사람도 없어. 그래도 그전에는 상대될 만한 사람이 있으면 또 상대하고 그랬는데 말이야. 내가 방장이름 안 붙어 있으면 모르지만 화두에 대해서 책임을 묻는다면 그건 또 안 되거든? 그럼, 절 삼천배 하고, 퇴설당 저쪽에 방장실이라고 있지? 삼천배 하고 그리 오면, 내가 애기할 게 있을 거야. 그래, 그래. 한 번 해봐라. 근본 요령은 "어째서"에 있으니까. 응? 화두하는 데 뭘 알았다는 자신 있는 사람 있거든 나서봐. 알았다는 자신 없어? 아까 저 스님은 "조주가 어째서 무라 했는가?" 물으니 모른단 소리는 얼른 안 하고 우물우물하면서 속에 뭐 있는 모양이야. 뭐 좀 있어?

**

- **스님 F** _ 한 말씀 드리겠습니다.
- **큰스님** _ 뭣이, 임마! 벌써 아까 지나갔어. 이놈아! 아까 벌써 송장 돼 지나갔어! 지금 한 말씀 드려 봐도 소용없어. 안 들어! 엉? 알겠어, 그 소리? 네가 천하에 무슨 소리를 해도 안 듣는다 말이야. 아까 벌써 지나갔어. 송장 벌써 지나갔는데 잿더미 속에서 무슨 소리 하려고 그래? 이놈의 새끼야! 왜? 기분 나빠? 지금 무슨 소릴 해도 소용없어. 어째서 무라 했는지, 어째서 본래면목이라 한 건지, 자신 있는 사람 있으면 언제든지 한 번 덤벼봐! 자신있는 사람 있거든! 자신 없는 사람은, 그때 가서 때려 줘 버릴테니까! 오늘 이만 하지. 화두 부지런히 해!

용어
풀이

가섭(迦葉, Kāśyapa, 생몰 연대 미상) : 부처님의 10대 제자의 한 사람. 음광(飮光)이라 번역. 부처님에게 법을 이은 제1조로 숭앙. 마갈타국 출신. 아버지는 음택(飮澤), 어머니는 향지(香志). 마갈타국에서 부를 겨루던 갑부의 아들이었으나 세상에 대한 애착을 끊고 출가. 부처님의 상수제자가 됨. 검소한 생활을 하는 두타(頭陀) 제일로서 염화미소의 일화를 통해 부처님에게 법을 이어받음. 부처님 열반 후 제1결집에서 상수를 맡음. 『전등록(傳燈錄)』에 의하면 주(周) 효왕(孝王) 5년(B.C. 905)에 입적했다고 함.

가행(加行, prayoga) : 방편이라고도 함. 공용(功用)을 더 행한다는 뜻. 목적을 이루려는 수단으로서 더욱 힘을 써서 수행하는 일.

감산덕청(憨山德淸, 1546~1623) : 명대(明代) 스님. 감산은 주석 산명. 자는 징인(澄印). 속성은 채(蔡)씨. 금릉(金陵, 현재 南京) 전초(全椒) 출신. 12세에 출가하여 19세에 구족계를 받음. 오대산(五臺山) 북대(北臺)에 이르러 감산(憨山)의 빼어남을 보고 이로써 스스로 호를 삼음. 1581년에 오대산에 무차회(無遮會)를 만들어 법을 설하자 대덕 5백여 명의 대중이 모임. 1587년 태후(太后)의 귀의를 받아 해인사(海印寺)를 건립하고 대장경을 하사 받았으나, 신종(神宗)의 미움을 받아 뇌주(雷州)로 귀양 감. 1597년 조계(曹溪)에 머물면서 선당(禪堂) 등을 부흥시킴. 1622년 조계로 돌아가 다음 해에 입적. 세수 78, 법랍 59. 염불과 간화선의 쌍수(雙修)를 창도함. 운서주굉(雲棲袾宏)·자백진가(紫栢眞可)

· 우익지욱(藕益智旭)과 더불어 명(明) 4대 고승으로 일컬어짐. 오응실(吳應實)과 전겸익(錢謙益)이 탑명(塔銘)을 씀. 청(淸) 순치(順治) 연간(1644~1661)에 홍각(弘覺)선사라는 시호를 내림.

기봉(機鋒) : 예봉(銳鋒)과 같은 말, "날카롭게 공격하는 기세"

객진번뇌(客塵煩惱) : 번뇌는 본래의 존재가 아니라 밖에서 온 것이므로 객(客)이라고 하며, 미세하고 수가 많으며 심성을 더럽히므로 진(塵)이라고 함.

결집(結集, saṃgītī) : 부처님이 열반한 후 교법이 흩어지지 않게 하기 위하여, 부처님 제자들이 저마다 들은 것을 외워, 그 바르고 그릇됨을 논의하고, 기억을 새롭게 하여 정법(正法)을 편집한 사업. 이 사업은 여러 차례 있었다. 제1결집은 부처님이 열반하던 해에 왕사성 칠엽굴(七葉窟)에서 대가섭(大迦葉)을 상좌(上座)로 5백 비구가 모여 경·율 2장(藏)의 내용을 결정. 이를 5백결집 혹은 상좌결집(上座結集)이라 함. 이 결집에 참가하지 못한 비구들이 따로 굴 밖에서 바사가(婆師迦)를 중심으로 결집한 것을 굴외결집(窟外結集)이라 함. 제2결집은 불멸 후 100년에 야사(耶舍)의 제의로 비사리(毘舍離)에서 일어난 계율에 대한 10사비법(十事非法)을 조사하기 위하여 7백 비구에 의하여 열렸다. 이를 7백결집이라 함. 이때 유법(遺法)의 전체(일설에는 율만이)가 교정되다. 제3결집은 불멸 후 330년경 아쇼카왕의 보호 아래 제수(帝須)를 사회로 1천의 스님들이 모여 파타리자성에서 3장(藏)을 확정. 이를 1천결집이라 함. 제4결집은 불멸 후 6백년 경 카니시카왕이 가슴미라에서 5백 비구를 소집하여 협(脇)·세우(世友) 두 스님을 상좌(上座)로 그때의 3장을 결집하고, 이에 주석을 붙였다.

경행(經行) : 일정한 장소를 조용히 산보하는 것. 좌선중의 피로를 풀고 졸음을 없애기 위하여 당중(堂中)을 걸어다니는 것.

고봉원묘(高峰原妙, 1238~1295) : 남송말(南宋末) 원대(元代) 스님. 임제종 양기파(楊岐派). 속성은 서(徐)씨. 15세에 삭발하고, 17세에 가화(嘉禾)의 밀인사(密印寺) 법주(法住) 문하에서 수학하여 천태(天台)를 배움. 단교묘륜(斷橋妙倫)에게 참구하고, 다시 앙산조흠(仰山祖欽)에게 참구하여 득법함. 1266년에 임안(臨安)의 용수(龍鬚)에서 은둔 수행하여, 5년 후 확연히 깨달음. 사자(獅子)·대각(大覺) 두 사찰을 열어 제자가 수백 명, 수계자만도 수만 명에 달함. 저서로는 『고봉대사어록(高峰大師語錄)』 2권이 있음. 시호는 보명광제(普明廣濟).

고안대우(高安大愚, 생몰 연대 미상) : 당대(唐代) 스님. 마조(馬祖) 문하. 고안은 주석 지명. 귀종지상(歸宗智常)의 제자. 홍주(洪州) 고안(高安)에 은거. 임제의현(臨濟義玄, ?~867)과의 문답으로 널리 알려졌지만, 그의 행적은 분명하지 않음. 임제의현을 깨달음으로 이끈 선승.

공안(公案) : 원래는 국가의 법령을 뜻하는 공부(公府)의 안독(案牘). 준수해야 할 절대적 규범. 선문에서는 불조(佛祖)가 개시한 불법의 도리. 공안의 형성은 중국 당대(唐代)의 선문답에서 시작, 송대(宋代)에 이르러 성행. 1,700공안이라는 용어는 『전등록(傳燈錄)』에 수록된 선승 1,701명의 언행에서 유래함. 화두(話頭). 고칙(古則)이라고도 함.

구경각(究竟覺) : 수행을 통해 얻은 구경의 깨달음, 곧 부처가 되는 자리.

금강유정(金剛喩定) : 금강삼매(金剛三昧). 금강에 비유되는 선정. 즉 금강이 모든 물건을 깨부수듯이, 이 선정은 모든 번뇌를 순식간에 전부 부수므로 깨달음을 얻으려 하는 순간에 드는 선정이라고 함.

나옹혜근(懶翁惠勤, 1320~1376) : 고려 스님. 속성은 아(牙)씨. 이름은 원혜(元惠). 헌호는 강월헌(江月軒). 영해(寧海) 출신. 20세에 이웃의 친구가 죽는 것을 보고, 죽으면 어디로 가는가를 어른들에게 물었으나 아는 이가 없자, 비통한 생각을 품고 바로 공덕산(功德山) 묘적암(妙寂庵)의 요연법명(了然法明)에게 출가함. 이후 명산대찰을 편력하다가 양주 회암사(檜巖寺)에서 4년간 수도한 끝에 깨달음을 얻음. 28세에 원(元) 연경 법원사(法源寺)에서 인도의 고승 지공(指空)에게 2년간 배운 뒤, 호남지방을 편력하며 정자사(淨慈寺) 처림(處林)과 무주 복룡산(伏龍山)의 천암원장(千巖元長) 등에게 참학. 다시 지공에게 돌아와 그 법을 이어받음. 도행(道行)이 황제에게까지 알려져 광제선사(廣濟禪寺) 주지로 있으면서 설법함. 39세에 귀국하여 오대산(五臺山) 상두암(象頭庵)에 머물고, 42세에 왕명으로 내전에서 설법했으며, 신광사(神光寺) 주지로 있었음. 52세에 왕사가 되고 조계산(曹溪山) 송광사(松廣寺)에 있다가 다시 회암사 주지가 되어 이를 중수하고, 57세에 문수회(文殊會)를 개최함. 왕명으로 밀성(密城, 密陽)의 영원사(瑩源寺)로 옮겨가다가 신륵사(神勒寺)에서 입적. 이색(李穡)이 비문을 지음. 저서로는 『나옹화상가송(懶翁和尙歌頌)』 및 『나옹화상어록(懶翁和尙語錄)』 각 1권이 있음.

나한계침(羅漢桂琛, 867~928) : 당말(唐末) 5대(五代) 스님. 청원(靑原) 문하. 나한은 주석 사명. 속성은 이(李)씨. 절강성 상산(常山) 출신. 어려서 상산 만세사(萬歲寺)의 무상(無相) 대사에게 출가 득도. 설봉의존(雪峰義存)과 설봉의 법사 현사사비(玄沙師備)에게 참학하고, 그의 법을 이음. 뒤에 호남성의 목왕공(牧王公)이 복건성의 석산(石山)에 세운 지장원(地藏院)에 머물다가, 다시 장주(州) 나한원(羅漢院)으로 옮겨 법을 펼침. 시호는 진응(眞應) 선사. 제자로는 법안문익(法眼文益)이 있음.

남악회양(南嶽懷讓, 677~744) : 당대(唐代) 스님. 남악은 주석 산명. 속성은 두(杜)씨. 산동성 금주(金州) 출신. 15세에 호북성 형주(荊州) 옥천사(玉泉寺)의 홍경(弘景) 율사를 찾아뵙고 출가하여 율장을 공부함. 그 후 숭산(嵩山)에 올라 숭악혜안(嵩嶽慧安)을 만나고, 그의 가르침에 따라 조계(曹溪)의 6조 혜능(慧能)에게 5년간 참학하여 그의 법을 이음. 당(唐) 선천(先天) 2년(713)에는 남악의 반야사(般若寺)에 머물렀고, 개원(開元) 연간(713~741)에 마조도일(馬祖道一)에게 법을 전했음. 청원행사(靑原行思)와 더불어 혜능의 2대 제자. 그의 문하가 후일 중국 선종의 주류가 됨. 현종(玄宗) 천보(天寶) 3년 8월 11일 입적. 세수 68. 시호는 대혜(大慧)선사. 명판(明版)『고존숙어록(古尊宿語錄)』이 간행되면서 그의 법어를 모은『남악대혜선사어록(南嶽大慧禪師語錄)』이 간행됨.

남양혜충(南陽慧忠, ?~775) : 당대(唐代) 스님. 남양은 주석 지명. 속성은 염(冉)씨. 절강성 소흥부(紹興府) 제기현(諸暨縣) 출신. 어려서 6조 혜능(慧能)에게 수학하고 그의 법을 이음. 혜능 입멸 후 호남성 오령(五嶺)·광동성 나부(羅浮)·절강성 사명(四明)·절강성 천목(天目) 등을 유력(遊歷)한 후, 하남성 남양(南陽)의 백애산(白崖山) 당자곡(黨子谷)으로 들어가 40여 년간 산문을 내려오지 않았다고 함. 당 상원(上元) 2년 (761) 숙종(肅宗)이 그의 명성을 듣고 중사(中使) 손조진(孫朝進)을 보내 수도로 모시게 하고, 스승의 예를 올렸다고 함. 처음엔 천복사(千福寺) 서선원(西禪院)에 머물렀다가, 대종(代宗)이 초청하여 광택사(光宅寺)에 머묾. 두 황제가 극진히 환대했지만, 황제에 연연하지 않았다 함. 청원행사(靑原行思)·남악회양(南嶽懷讓)·하택신회(荷澤神會)·영가현각(永嘉玄覺)과 더불어 혜능 문하의 5대 종장(宗匠)으로서, 그 선풍은 다르지만 당시 혜능 선양 운동에 앞장 선 신회와 더불어 북방에 선풍을 드날렸으며, 마조도일(馬祖道一) 등이 남방에서 창도한 선을 비평했음. 그의 선은 신심일여(身心一如)·즉심즉불(卽心卽佛)로서 무정설법(無情說法)을 처음으로 일컬었음. 또한 남방의 선승들이 경전을 중시하지 않고 뜻에 따르는 설법에 대해 비판, 널리 경율론을 펼쳤으며, 교학을 중시하여 사설(師說)에 의거하라 했음. 대력(大曆) 10년 12월 9일 입적. 대종이 대증(大證) 국사라는 시호를 내림.

달마(達磨, Bodhidharma, ?~495, ?~436, 346~495, ?~528의 여러 설이 있음) : 정식 이름은 보리달마. 부처님 법을 이은 제28조. 중국 남북조(南北朝) 스님. 중국 선종의 초조(初祖). 남인도 또는 파사국(波斯國)의 셋째 왕자로 태어나 반야다라(般若多羅)의 법을 잇고 중국 광주(廣州)에 도착, 양(梁) 무제(武帝)를 만났으나 계합하지 못함. 그 후 숭산(嵩山) 소림사(少林寺)에서 면벽 9년을 마치고, 사람의 마음은 본래 청정하다는 이치를 깨달아야 한다고 주장하여, 이 선법을 제자 2조 혜가(慧可)에게 전함. 이와 같은 법통은 3조 승찬(僧璨)·4조 도신(道信)·5조 홍인(弘忍)·6조 혜능(慧能)으로 전해져 크게 융성하게 됨. 그의 어록으로『이입사행론(二入四行論)』이 전해지고 있으며,『소실육문집(少室六門集)』1권도 그의 저술이라고 하나, 사실은 후인의 가탁임. 양 무제와 회견하여 문답한 이야기, 혜가가 눈 속에서 팔을 절단하여 구도심을 보이고 선법을 전수받은 이야기, 보리유지(菩提流支)와 광통(光統) 율사의 질투로 독살당한 뒤 관 속에 한 짝의 신발만 남겨 놓고 인도로 돌아갔다는 이야기, 인도 여행에서 돌아오던 송운(宋雲)이 도중에 인도로 돌아가는 사후의 달마를 만난 이야기 등 여러 설화가 있음.『전등록(傳燈錄)』에 의하면 후위(後魏) 병진(A.D. 495)에 입적했다고 전함.

담당문준(湛堂文準, 1061~1115) : 송대(宋代) 스님. 임제종 황룡파(黃龍派). 담당은 자. 속성은 양(梁)씨. 섬서성 홍원부(興元府) 출신. 출가 후 늑담극문(泐潭克文)에게 참구하기를 10년, 그의 법을 이음. 강서성 예장(豫章) 태수(太守) 이경직(李景直)의 청에 따라 운암(雲巖)에 머물고, 후에 융흥부(隆興府) 늑담(泐潭)에 머뭄. 정화(政和) 5년 10월 22일 입적. 세수 55. 저서로는 『담당준화상어요(湛堂準和尙語要)』 1권이 있는데, 『속고존숙어요(續古尊宿語要)』 1에 실려 있음.

대승기신론(大乘起信論) : 마명(馬鳴) 지음. 한역은 553년에 진제(眞諦)가 번역한 1권본과 695~704년에 실차난타(實叉難陀)가 번역한 2권본이 있음. 구성은 서분(序分)·정종분(正宗分)·유통분(流通分)으로 됨. 정종분은 다시 인연분(因緣分)·입의분(立義分)·해석분(解釋分)·수행신심분(修行信心分)·권수이익분(勸修利益分)으로 구성. 여기에서 입의분과 해석분은 이론면이고, 수행신심분은 실천면이라 할 수 있으나, 해석분 속에서도 실천면이 강하게 나타남. 이 책의 영향은 대단해서, 대승불교의 주요한 종파, 즉 화엄(華嚴)·천태(天台)·선(禪)·정토(淨土)·진언(眞言) 등에 두루 미침. 따라서 이에 관한 주석서도 많은데, 그 중에서도 혜원(慧遠)·원효(元曉)·법장(法藏)의 것을 『기신론(起信論)』의 3대 주석서라고 부름.

대원경지(大圓鏡智) : 제8아뢰야식(阿賴耶識)이 불과(佛果)에 도달했을 때, 모든 번뇌 습기(習氣)가 없어져 전의(轉依)하여 순수한 무루지(無漏

智)가 됨. 이 지(智)는 3세 일체의 모든 현상을 항상 밝게 관찰하여 만덕(萬德)이 원만하므로 대원경지라고 함.

대주혜해(大珠慧海, 생몰 연대 미상) : 당대(唐代) 스님. 남악(南嶽) 문하. 속성은 주(朱)씨. 건주(建州, 山西省) 출신. 월주(越州, 浙江省) 대운사(大雲寺)의 도지(道智) 화상에게 출가 득도. 마조도일(馬祖道一, 709~788)의 법을 이어받음. 저술로는 『돈오입도요문론(頓悟入道要門論)』 1권을 포함한 『대주선사어록(大珠禪師語錄)』 2권이 있음.

대혜종고(大慧宗杲, 1089~1163) : 남송대(南宋代) 스님. 임제종 양기파(楊岐派). 호는 묘희(妙喜) 또는 운문(雲門). 자는 담회(曇晦). 속성은 해(奚)씨. 안휘성 선주(宣州) 영국(寧國) 출신. 13세에 향교에 들어가 유학을 배우고, 16세 때 동산(東山) 혜운사(慧雲寺)의 혜제(慧齊)에게 출가함. 이듬해 구족계를 받고 선적(禪籍)을 연구함. 대관(大觀) 원년(1107) 가을, 여산(廬山)에 올랐으며, 나중에 동산(洞山)으로 가서 잠시 참구하여 조동(曹洞)의 종지를 배움. 뒤이어 보봉(寶峰)의 담당문준(湛堂文準) 회하로 들어감. 정화(政和) 5년(1115) 문준은 자신의 입적이 다가오자, 그에게 원오극근(圜悟克勤)에게 가서 참구할 것을 권함. 청량덕홍(清涼德洪)을 찾아가 예를 올리고, 그곳에서 장상영(張商英)을 알현. 선화(宣和) 6년(1124), 원오가 동경(東京) 천녕사(天寧寺)에 칙령을 받고 머물 때 그의 회하에서 참구하여, 각고의 노력 후에 깨달음을 얻고 그의 법을 이음. 승상 궁순도(宮舜徒)의 주상(奏上)으로 불일(佛日) 대사라는 호를 받음. 원오가 촉(蜀)으로 돌아간 후에는 금(金)과의 전란을 피해 강서성 해혼(海昏)의 운문암(雲門庵)으로 감. 소흥(紹興) 4년(1134)에는 복건(福建)의 양서암(洋絪庵)으로 가서, 이때부터 조동종(曹洞宗)의 묵조선을 공격하고 공안선을 고취함. 소흥 7년 장릉(張凌)의 추거(推擧)에 따라 경산(徑山) 능인선원(能仁禪院)에 머물며 종풍을 크게 진작시켜 임제의현(臨濟義玄)의 재홍이라 일컬음. 그러나 금과의 전란에서 화해의 의논이 성립되자, 주전론자인 장구성(張九成)에게 금과 한 패라는 누명을 쓰고 의첩(衣牒)을 박탈당한 후 호남성 형주(衡州)로 유배됨. 형주에 기거하기를 10년, 그 사이에 『정법안장(正法眼藏)』 6권을 저술. 그 후 사면되어 육왕(育王)에 머물렀고, 천동산(天童山)의 굉지정각(宏智正覺)과 도교(道交)를 맺음. 나중에 다시 경산에 머물며, 효종(孝宗) 황제의 귀의를 받고 대혜(大慧) 선사라는 호를 받음. 융홍(隆興) 원년에 입적. 세수 75, 법랍 58. 시호는 보각선사(普覺禪師). 저서로는 『대혜선사어록(大慧禪師語錄)』, 『대혜무고(大慧武庫)』 등이 있음.

덕산선감(德山宣鑑, 782~865) : 당대(唐代) 스님. 청원(靑原) 문하. 덕산은 주석 산명. 속성은 주(周)씨. 20세에 출가하여 처음에는 경과 율을 공부. 『금강반야경(金剛般若經)』에 정통하여 주금강(周金剛)이라고도 함. 용담숭신(龍潭崇信)을 만나 30여 년 동안 참학하여 그의 법을 이어받음. 덕산(德山)에 머물면서 분방호쾌(奔放豪快)한 선풍을 널리 선양했음. 그 당시 중국의 두 가지 대표적 선풍을 '덕산방(德山棒) 임제할(臨濟喝)'이라는 어구로 표현하고 있음. 제자로는 설봉의존(雪峰義存), 암두전활(嚴頭全豁) 등이 있음.

도명(道明, 생몰 연대 미상) : 진대(陳代) 스님. 보통 몽산도명(蒙山道明)이라고 하는데 몽산은 주석 산명. 원래의 법호는 혜명(慧明). 속성은 진(陳)씨. 강서성 파양(鄱陽) 출신. 『송고승전(宋高僧傳)』8·『경덕전등록(景德傳燈錄)』4에서는 진(陳) 선제(宣帝)의 자손으로서, 장군 또는 4품 장군(四品將軍)이라 함. 어려서 영창사(永昌寺)에서 출가하고 황매산(黃梅山)의 5조 홍인(弘忍)에게 참학. 보리달마(菩提達磨)의 가사가 6조 혜능(慧能)에게 전해졌다는 소식을 듣고 혜능을 쫓아갔다가, 대유령(大庾嶺)에서 혜능의 설법으로 깨달음. 혜능과 헤어져 여산(廬山)의 포수대(布水臺, 혹은 峰頂寺)에 머물기를 3년, 후에 원주(袁州) 몽산(蒙山)에 머묾. 혜능의 혜(慧) 자를 피하여 도명(道明)이라고 개명함. 『전등록(傳燈錄)』에서는 홍인의 제자라고 했지만 분명하지 않음.

돈오입도요문론(頓悟入道要門論) : 2권. 대주혜해(大珠慧海) 지음. 명(明) 홍무(洪武) 7년(1374) 묘협(妙)이 엮어 냄. 상권 『돈오요문론(頓悟要門論)』, 하권 『제방문인참문어록(諸方門人參問語錄)』을 총칭하여 『돈오요문(頓悟要門)』, 또는 『대주선사어록(大珠禪師語錄)』이라고 함. 이 책은 6조(祖)를 출발점으로 하는 남종선의 돈오사상(頓悟思想)을 설하고 있음. 이 책을 최초로 편집한 명초(明初)의 묘협이 땅에 묻힌 상자에서 상권을 발견하여, 『전등록(傳燈錄)』의 권6, 권28에 실린 대주혜해의 법어를 편집하여 하권으로 삼음. 책머리에 홍무 6년에 쓴 만금(萬金)과 숭

유(崇裕)의 서문이 있고, 권말에 묘협의 발문이 있음. 부록으로 『연등회요(聯燈會要)』 중의 『달마대사안심법문(達磨大師安心法門)』을 첨부하여 현재 전해지는 『돈오요문』의 체제를 이룸. 본서는 초기 선종 교학의 배경을 살필 수 있는 중요한 자료임.

동산양개(洞山良价, 807~869) : 당대(唐代) 스님. 조동종. 동산은 주석산명. 속성은 유(俞)씨. 회계(會稽, 浙江省) 출신. 어려서 출가하여 영묵(靈黙)에게 사사한 다음, 20세에 숭산(嵩山)에서 구족계를 받음. 남전보원(南泉普願), 위산영우(潙山靈祐)에게 참학하고, 다시 운암담성(雲巖曇晟)에게 참학하여 대오, 그의 의법(衣法)을 이어받음. 광동 신풍산(新豊山) 및 강서 동산(洞山) 보리원(普利院)에 머물면서 세밀한 선풍을 고취함. 시호는 오본(悟本) 대사. 문하에 운거도응(雲居道膺), 조산본적(曹山本寂), 소산광인(疎山匡仁) 등 27인이 있으며, 후에 조산(曹山)과 연칭(連稱)하여 5가(家)의 일파(一派)인 조동종(曹洞宗)의 고조(高祖)로 추앙됨. 저서에는 『보경삼매가(寶鏡三昧歌)』, 『동산어록(洞山語錄)』이 있음.

등각(等覺) : 보살 수도 52계위(階位) 중 제51위를 가리킴. 제10지(地)인 법운지(法雲地) 위에 있고, 최고 불위(佛位)인 묘각지(妙覺地) 아래 위치하는 단계. 3아승지겁의 수행을 끝내고 묘각을 얻기 직전의 계위로, 극과(極果)에 인접하고 있기 때문에 인극(隣極)이라고도 함. 또는 일생보처(一生補處)·유상사(有上士)·금강심(金剛心)이라고도 함.

마명(馬鳴, Aśvaghoṣa, 1~2세기경) : 인도에서 부처님 법을 이은 제12조. 중인도의 사위성 출신. 처음에는 외도를 믿었지만, 부나야사(富那夜舍)에 의해 불교에 귀의함. 탁월한 지혜와 변재(辯才)로써 카니시카왕의 종교 고문이 됨. 저서로는 『불소행찬(佛所行讚)』· 『건치범찬(健稚梵讚)』 등이 있음. 종래 마명이 지은 것으로 전해지던 『대승기신론(大乘起信論)』과 『대종지현문본론(大宗地玄文本論)』은 그의 작품이 아니라 동명이인의 작품이라는 설도 있음. 『전등록(傳燈錄)』에 의하면 주(周) 현왕(顯王) 37년(B.C. 327)에 입적했다고 함.

마조도일(馬祖道一, 709~788) : 당대(唐代) 스님. 남악(南嶽) 문하. 속성은 마(馬)씨. 사천성 한주(漢州) 십방현(什方縣) 출신. 남악(南嶽)에서 6조 혜능(慧能)의 법을 이은 회양(懷讓)이 수도하고 있다는 소식을 듣고 그를 찾아가 남악스님이 기와를 간 인연으로 법을 얻음. 정원(貞元) 4년 2월 1일 입적. 세수 80. 원화(元和) 연간(806~820)에 헌종(憲宗)으로부터 대적(大寂) 선사라는 시호가 내려짐. 저서로는 『마조도일선사어록(馬祖道一禪師語錄)』 1권이 있음. 마조는 강서를 중심으로 교화를 펴 나갔기 때문에 호남의 석두희천(石頭希遷)과 더불어 선계의 쌍벽으로 일컬어짐. 그의 선풍은 '평상심시도 즉심시불(平常心是道 卽心是佛)'을 표방하며, 경전이나 관심(觀心)에 의거하지 않는 선. 문하에 백장회해(百丈懷海)·서당지장(西堂智藏)·남전보원(南泉普願)·염관제안(鹽官齊安)·대매법상(大梅法常)·귀종지상(歸宗智常)·분주무업(汾州無業) 등 130여 명의 제자들을 배출함.

만행(萬行, 卍行) : 안거 기간의 수행을 마친 승려가 한 곳에 머물지 않고 자유롭게 돌아다니며 제각기 수행하는 것.

멸진정(滅盡定): 멸수상정(滅受想定)·멸정(滅定)·멸진삼매(滅盡三昧)라고도 함. 수(受)·상(想) 등 대상과 접촉해서 생기는 모든 마음의 심리작용을 멈춘 선정.

묘각(妙覺) : ① 보살 수행 단계 중 최후의 계위. 등각위(等覺位)를 거쳐서 번뇌가 다하고 지혜가 원만 구족한 계위. ② 불과위(佛果位)에서 등각보살(等覺菩薩)이 무명을 끊고 들어가는 최상위로서, 불가사의한 무상정각위(無上正覺位)를 묘각지(妙覺地)라고 함.

묘관찰지(妙觀察智) : 불과위(佛果位)를 얻었을 때의 제6식을 묘관찰지라고 함. 모든 부처가 제6식이 변하여 얻은 지혜로써 중생을 위하여 법륜을 굴리고, 중생으로 하여금 여러 가지 번뇌를 끊어서 대안락(大安樂)을 얻게 하기 때문임. 미묘하게 모든 법의 고유한 모습과 공통적인 모습을 관찰하여 모든 공덕을 소장하기 때문에 묘관찰지라고도 함.

무기(無記) : 성질이 선에도 악에도 속하지 않고, 또 선악의 어떤 과보도 초래하지 않는 것. 수행할 때는 아무런 지혜의 작용이 없는 무념의 상태를 가리킴.

무루(無漏, anāsrava) : 일체의 번뇌를 여의어서 심적정(心寂靜)을 이룬 상태. 누(漏)는 객관 대상에 대하여 끊임없이 6근(根)에서 허물을 누출한다는 뜻으로, 번뇌의 다른 이름.

무상정(無想定, 無相定) : 모든 정신 작용이 멈춘 선정. 욕계·색계·무색계의 3계(界) 중 색계 제사선천(第四禪天)인 무상천(無想天)에 나기 위해 닦는 선정. 일체 마음 작용이 멈춘 무상(無想)을 참된 해탈로 오해하고 수행하는 외도 범부의 선정. 이 무상정에 들면 무상천에 태어나지만, 참된 깨달음이 아니므로 미혹해지면 다시 어리석음의 세계인 욕계로 되돌아온다고 함.

무여열반(無餘涅槃) : 무여의열반(無餘依涅槃)의 준말로 반열반(般涅槃)·원적(圓寂)이라고도 한다. 진리를 체득해 번뇌의 속박에서 영원히 해탈하고, 진실의 세계인 불생불멸의 법신으로 돌아간 것을 가리킨다.

무착문희(無着文喜, 820~899) : 당대(唐代) 스님. 무착은 사호(賜號). 속성은 주(朱)씨. 절강성 가화(嘉禾) 출신. 어려서 출가하여 부지런히 수행하다가, 예장(豫章) 관음원(觀音院)에 이르러 앙산혜적(仰山慧寂)을 뵙고 그의 법을 이음. 광화(光化) 2년 입적. 세수 80.

문수보살(文殊菩薩, Mañuśrī) : 만수실리(曼殊室利)·만수시리(曼殊尸利)라고도 하며, 줄여서 문수(文殊)라고 함. 묘덕(妙德)·묘수(妙首)·묘길상

(妙吉祥)이라고 번역.『수능엄삼매경(首楞嚴三昧經)』·『유마힐경(維摩詰經)』·『정법화경(正法華經)』 등에서는 모든 보살 중 지혜제일로 칭해짐. 부처님의 오른쪽에 앉아서 오른손에 지혜의 칼, 왼손에 푸른 연꽃을 들고 있음.

방(龐) **거사** : 방온(龐蘊, ?~808) 당나라 사람. 방거사(龐居士)·방옹(龐翁) 등으로 불린다. 정원(貞元, 785~804) 1년에 석두희천을 참알(參謁)하고 깨달음이 있었다. 단하천연(丹霞天然, 739~824)을 좋아하여 평생 사귀었다. 약산유엄 등 선종의 유명한 승려들과 교분이 두터웠음.

반야삼매(般若三昧) : 반야의 바른 지혜에 의한 삼매(三昧). 반야(般若, prajñā)는 혜(慧)·지혜(智慧)·지(智)라고 번역. 깨달음을 얻는 지혜. 현상에 대한 분할적 인식이 아니라, 인간의 가장 직각적(直覺的)이고도 깊은 감성(感性)·예지(睿知)·직관(直觀)을 의미.

반연(攀緣) : 반(攀)은 의지하다의 뜻, 연(緣)은 대상. 대상에 의해 마음 작용을 일으킴. 대상을 인식함.

발심(發心) : 발보리심(發菩提心)의 준말. 위 없는 보리를 구하는 마음을 내는 것. 출가의 뜻으로도 쓰임.

백장회해(百丈懷海, 749~814) : 당대(唐代) 스님. 백장은 주석 산명. 속성은 왕(王)씨. 복건성 복주(福州) 장락(長樂) 출신. 20세에 서산혜조(西山慧照)에게 출가, 남악의 법조(法朝) 율사에게 구족계를 받음. 사천성 여강(廬江)에서 대장경을 열람하고, 마조도일(馬祖道一)에게 참구하여 인가를 얻음. 그의 저서『백장고청규(百丈古淸規)』는 단지 서(序)밖에 남아 있지 않지만, 그가 선원청규(禪苑淸規)의 개창자임을 확증시켜 주고 있음. 백장 이후 선은 더욱 더 중국 풍토나 생활에 토착화됨. 제자에는 위산영우(潙山靈祐), 황벽희운(黃檗希運) 등이 있음. 당(唐) 원화(元和) 9년 정월 17일 입적. 세수 66. 대지(大智)·각조(覺照)·홍종묘행(弘宗妙行) 등의 시호가 있음.『송고승전(宋高僧傳)』·『전등록(傳燈錄)』에는 세수 95세라 되어 있음.

법계(法界, dharma-dhātu) : 법은 의식의 대상이 되는 색법(色法)·심법(心法)·유위무위(有爲無爲)의 일체법. 계(界)는 세계(世界). 법계에는 화엄의 4법계(法界), 천태의 10법계가 있으며, 일대법계(一大法界)·대천법계(大千法界)·시방법계(十方法界)·무진법계(無盡法界)·변법계(徧法界) 등으로 형용하여 광대한 일체 세계를 법계라고 함. 또는 진여법계(眞如法界)라고 하여 법성(法性)·진여와 동일시함.

법성(法性, dharmatā) : 제법(諸法)의 진실여상(眞實如常)한 본성. 제법본연(諸法本然)의 실성(實性). 부처님의 정각(正覺)의 내용. 진여(眞如)·법계(法界)·불허망성(不虛妄性)·불변이성(不變異性)·평등성(平等性)·법주(法住)·실제(實際)·공성(空性)·불성(佛性)·여래장(如來藏) 등과 동의어로 쓰임. 연기의 도리를 법성이라고도 함.

법안문익(法眼文益, 885~958) : 당말(唐末) 5대(五代) 스님. 법안종. 속성은 노(魯)씨. 여항(余杭, 浙江省) 출신. 7세에 전위(全偉)선사에게 귀의하여 삭발하고, 월주(越州) 개원사(開元寺)에서 구족계를 받음. 장경혜릉(長慶慧稜)에게 참학한 후 나한계침(羅漢桂琛)에게 수년을 참학하고 그의 법을 이어받음. 숭수원(崇壽院), 보은원(報恩院), 청량사(淸凉寺) 등에 머뭄. 선교불이(禪敎不二)의 입장을 주장한 법안종의 개조. 후주(後周) 현덕(顯德) 5년(968)에 목욕 재계하고 대중에게 고한 다음, 결가부좌한 채 입적. 저서로는 『종문십규론(宗門十規論)』과 어록이 있음. 시호는 대법안(大法眼)선사. 탑호는 무상(無相).

벽암록(碧巖錄) : 10권. 『불과원오선사벽암록(佛果圜悟禪師碧巖錄)』・『벽암집(碧巖集)』이라고도 함. 설두중현(雪竇重顯, 980~1052)이 송(頌)을 붙이고, 원오극근(圜悟克勤, 佛果圜悟)이 평석(評釋)함. 운문종에 속하는 중현이 『전등록(傳燈錄)』 1,700칙 공안 중에서 학인의 참선 수도에 가장 중요하다고 생각되는 100칙을 선택하여 하나하나에 대해서 종지를 드러내어 송고(頌古)를 붙임. 후에 임제종 원오가 그 송고에 대해서 각 칙마다 수시(垂示)・착어(著語)・평창(評唱)을 붙였는데, 이것이 현존하는 책임. 수시는 각 칙의 종지나 착안점을 교시하는 서문적인 내용, 착어는 본칙이나 송고(頌古) 하나하나에 대한 부분적 단평(短評). 원오의 제자들에 의해서 편집・간행되었으나, 제자 대혜종고(大慧宗杲)는 이 책이 학인들을 오히려 미혹에 빠뜨린다 하여 책을 소각해 버렸다는 고사가 있음. 그 후 대덕(大德) 4년에 촉(蜀)의 장명원(張明遠)이 종문제일서(宗門第一書)라고 봉하여 간행함. 우리나라에서는 조선 세조 11년(1465)에 을유자(乙酉字)로 인쇄한 적이 있음.

보임(保任) : 온전하게 간직하여 잃어버리지 않음. 자기 것으로 함. 보호임지(保護任持)의 준말. 흔히 선사가 깨닫고 난 뒤에 깨달음을 유지하는 상태를 가리킴.

부모미생전 본래면목(父母未生前 本來面目) : 공안의 하나. 부모미생전은 부모가 태어나기 전의 상태. 인간이 본래 갖추고 있는 심성(心性)을 뜻함. 본래면목은 본분사(本分事), 본지풍광(本地風光)이라고도 하는데 이것 역시 인간이 본래 갖추고 있는 진실한 모습을 말함.

부용영관(芙蓉靈觀, 1485~1571) : 조선 스님. 부용은 당호. 삼천포 출신. 13세에 덕이산(德異山)에 입산, 고행(苦行)선사를 의지하여 3년간 공부하다 출가함. 그 후 위봉(威鳳), 조우(祖愚), 학매(學梅) 등에게 사사했으며, 지리산(智異山)에 들어가 벽송지엄(碧松智儼)을 만나 20년간의 의심을 풀고 대오함. 태고보우(太古普愚)의 법통을 이어받고, 이를 청허휴정(淸虛休靜)에게 전함으로써 조선 불교의 정통을 이루게 하였음.

불감혜근(佛鑑慧懃, 1059~1117) : 송대(宋代) 스님. 임제종. 속성은 왕

(汪)씨. 서주(舒州) 출신. 오조법연(五祖法演)에게 참학하여 그의 법을 이어받음. 서주 태평산(太平山) 지해사(智海寺)에 머물면서 엄격한 선풍을 선양함. 정화(政和) 7년 11월 8일 입적.

불안청원(佛眼淸遠, 1067~1120) : 송대(宋代) 스님. 임제종 양기파(楊岐派). 속성은 이(李)씨. 촉(蜀, 四川省) 임앙현(臨卬縣) 출신. 출가하여 14세에 구족계를 받고, 율(律)과 『법화경(法華經)』을 배우고 나서 선을 참구. 강회(江淮)의 여러 선사(禪寺)를 두루 편력한 후, 안휘성 서주 태평사(太平寺)의 오조법연(五祖法演)에게 참구하여 그의 법을 이음. 서주의 천녕(天寧) 만수사(萬壽寺)에서 개당하고 용문사(龍門寺), 안휘성 화주의 포산사(褒山寺)에 머뭄. 등순무(鄧洵武)가 상주(上奏)하여 자의(紫衣) 및 불안(佛眼)선사라는 칙호를 내림. 태평혜근(太平慧懃)·원오극근(圜悟克勤)과 더불어 동산(東山)의 3불(佛), 또는 동산의 2근1원(二勤一遠)이라 일컬음. 선화(宣和) 2년 동지 전날 입적. 세수 54, 법랍 40. 선오(善悟)가 『불안선사어록(佛眼禪師語錄)』 8권을 편집함.

불퇴전(不退轉, avinivartanya) : 아비발치(阿鞞跋致)·아유월치(阿惟越致)라 음역. 불퇴(不退)라고도 함. 퇴는 퇴보·퇴폐의 뜻. 한 번 도달한 수양의 계단으로부터 뒤로 물러나거나, 수행을 퇴폐하는 일이 없는 것. 그 지위를 불퇴위(不退位)라 함.

사구(死句) : 불조(佛祖)의 가르침을 분별의 입장에서 피상적으로 이해

한 언구(言句).

사대(四大) : 물질의 4대 기본원소인 지(地)·수(水)·화(火)·풍(風). 실제의 땅·물·불·바람이 아니라 견고함·습함·따뜻함·움직임으로 이해함.

사바라이(四波羅夷) : 바라이는 '파라지카(pārājika)'의 음역으로 바라이(波羅移)·바라시가(波羅市迦)·바라사이가(波羅闍已迦)라고도 쓰며, 기손(棄損)·극악(極惡)·무여(無餘)·단두(斷頭)·불공주(不共住)라 번역. 계율 가운데 가장 엄하게 제지한 것. 이 중죄를 범한 이는 승려로서의 생명이 없어지고 자격을 잃는 것이라 하며, 승려 중에서 쫓겨나 함께 살지 못하며, 길이 불법 가운데서 버림을 받아 죽은 뒤에는 아비지옥에 떨어진다고 하는 극히 악한 죄. 비구는 살생(殺生)·투도(偸盜)·사음(邪婬)·망어(妄語)의 4종이 있어 '4바라이'라 하고, 비구니는 여기에 마촉(摩觸)·팔사성중(八事成重)·부장타중죄(覆障他重罪)·수순피거비구(隨順被擧比丘)의 네 가지를 더하여 8종이 되므로 '8바라이'라 한다.

삼서근 : 보통 '마삼근(麻三斤)'으로 부르는 공안. 동산양개(洞山良价)에게 어떤 스님이 "어떤 것이 부처입니까?" 하니, 선사가 "삼 서 근이니라." 하고 답하였다.

삼세육추(三細六麤) : 『기신론』의 설로서 근본무명에 의해 진여가 생멸·유전하여 허망한 법을 전개시키는 과정을 아홉 가지로 분류한 것이

다. 미세한 작용인 무명업상(無明業相)·능견상(能見相)·경계상(境界相)을 3세(細), 뚜렷이 파악되는 지상(智相)·상속상(相續相)·집취상(執取相)·계명자상(繫名字相)·기업상(起業相)·업계고상(業繫苦相)을 6추(麤)라고 한다.

삼장(三藏, Tripiṭaka) : 불교 전적(典籍)의 총칭. ① 경장(經藏). 부처님이 말씀하신 법문을 모은 부류(部類)의 전적. ② 율장(律藏). 부처님이 제정하신 일상 생활에 지켜야 할 규칙을 말한 전적. ③ 논장(論藏). 경에 말한 의리를 밝혀 논술한 전적.

삼현십지(三賢十地) : 보살의 수행 계위를 총칭하는 말. 삼현십성이라고도 하는데 10주 10행 10회향 10지의 보살 수행 계위 중에서 앞의 셋을 3현, 10지를 10성이라고 한다.

서산휴정(西山休靜, 1520~1604) : 조선 스님. 법호는 청허(淸虛). 자는 현응(玄應). 속명은 여신(汝信). 묘향산(妙香山, 즉 西山)에 오래 있어 서산대사라 함. 속성은 최(崔)씨. 안주(安州) 출신. 어려서 부모를 여의고 안주 목사(牧使) 이사증(李思曾)의 양자로 입적. 성균관에서 공부하다 진사과에 낙방하고, 지리산(智異山)에 들어가 숭인(崇仁)에게 출가하여, 이후 영관(靈觀)에게서 법을 얻고, 30세에 승과에 급제하고 이어 선교양종판사(禪敎兩宗判事)의 지위에 오름. 이후 여러 곳을 유력하다 임진왜란이 일어나자 73세의 노령임에도 불구하고 8도(道) 16종(宗) 도총섭

(道摠攝)이 되어 승병을 모집, 왜적을 물리치는 데 큰 공을 세움. 75세에 제자 사명유정(四溟惟政)에게 병사(兵事)를 맡기고 묘향산(妙香山) 원적암(圓寂庵)에서 입적. 휴정은 좌선 견성을 중히 여기며 교종을 선종에 포섭함으로써 조선 불교가 조계종으로 일원화되는 기틀을 마련함. 저서로는 『선가귀감(禪家龜鑑)』·『선교석(禪敎釋)』·『삼가귀감(三家龜鑑)』·『청허집(淸虛集)』 등이 있음.

석두희천(石頭希遷, 700~709) : 당나라 승려. 무제(無際) 대사라 불렸다. 어려서 매우 총명함. 일찍이 육조혜능을 친견하고 청원행사(靑原行思)를 스승으로 삼아 그의 법을 이음.

선요(禪要) : 한국의 강원에서 배우는 과목 중의 하나로서 『고봉대사어록(高峰大師語錄)』을 가리킨다. 속장(續藏)의 저본(底本)은 명(明)의 속장본으로 운서주굉(雲棲袾宏)이 서(序)를 더해 영은(靈隱)의 구덕홍례(具德弘禮)가 중간한 것. 참학 문인들이 엮은 『호주쌍계암법어(湖州雙髻庵法語)』와 『항주서천목산사자선사법어(杭州西天目山師子禪寺法語)』 외에, 시선인(示禪人)을 제목으로 하는 수편의 법어를 상권으로 하여 염고(拈古), 송고(頌古), 법어(法語), 보유(補遺), 게송(偈頌)을 모아 1권으로 함. 권말에 행장(行狀) 2종과 탑명을 붙임. 이 책은 선(禪)의 대요(大要)를 잘 설명하고 있어 한국 불교 강원의 사집과(四集科) 교재 중 하나로 널리 읽혀 왔음. 국내에는 1399년 지리산(智異山) 덕기암 간본을 비롯하여 30여 종의 간본이 전해지고 있음.

선원제전집도서(禪源諸詮集都序) : 2권. 당(唐) 규봉종밀(圭峰宗密, 780~841)이 지은 것으로 그 성립 연대는 확실치 않음.『선원제전집(禪源諸詮集)』의 총서(總序)에 해당하는 부분으로서 선가(禪家)와 교가(敎家)의 주장을 융합, 통일한 교판론(敎判論).『선원제전집(禪源諸詮集)』은 초기의 선종 자료를 모은 것으로서 100권 또는 160권이었다고 하지만, 일찍이 소실되어 현존하지 않음. 엮은이는 이 서(序)에서 모든 교학과 선을 각각 3종으로 나누고 양자를 각각 서로 대응시키고, 마지막 것을 근본으로 하여 이것을 체계화시켜 부처님 말씀인 교(敎)와 부처님 마음인 선(禪)은 일미(一味)라고 주장하여, 본각자성(本覺自性)으로 귀일시킴. 또 권말에 일심진여(一心眞如)가 수연생멸(隨緣生滅)하는 차례를 10단계로 나누어 흑백의 원(圓)으로 도시하여 송대 유학의 태극도설 등의 선례가 됨. 우리나라에서는 강원 4집과(四集科) 교재의 하나.『도서(都序)』라고도 약칭함.

설두중현(雪竇重顯, 980~1052) : 송대(宋代) 스님. 운문종. 설두는 주석산명. 자는 은지(隱之). 속성은 이(李)씨. 사천성 축주 출신. 어려서 보안원(普安院) 인선(仁銑)을 따라 출가하여 구족계를 받고, 대자사(大慈寺)의 원영(元瑩), 석문(石門)의 곡은온총(谷隱蘊聰)에게서 교상(敎相)을 연구하고, 호북성 수주(隨州) 지문광조(智門光祚)를 알현하고는 깨달음을 얻고 법을 이어받음. 동정(洞庭)의 취미봉(翠微峰)과 절강성 명주 설두산(雪竇山) 자성사(資聖寺)에 머뭄. 문풍을 크게 진작시켰으므로 이때를 운문종(雲門宗)의 중흥으로 봄. 30여 년간 산에 머물며 70여 명의 제자를 양성. 또 『경덕전등록(景德傳燈錄)』을 중심으로 고칙(古則) 100여 가지를 뽑아, 여기에 송고(頌古)를 지어 『설두송고(雪竇頌古)』라 함. 나중에 다시 원오극근(圜悟克勤)이 여기에 평창(評唱)·착어(著語)하여 『벽암록(碧巖錄)』이라 이름 붙임. 저술로는 『동정어록(洞庭語錄)』·『설두개당(雪竇開堂)』·『폭천집(瀑泉集)』·『조영집(祖英集)』·『송고집(頌古集)』·『염고집(拈古集)』·『설두후록(雪顔後錄)』 등이 있음. 황우(皇祐) 4년 6월 10일 입적. 세수 73, 법랍 50. 명각(明覺) 대사라는 시호를 내림.

설봉의존(雪峰義存, 822~908) : 당대(唐代) 스님. 청원(靑原) 문하. 설봉은 주석 사명. 속성은 증(曾)씨. 복건성 천주(泉州) 남안(南安) 출신. 12세 때 부친과 함께 복건성 포전현(莆田縣) 옥간사(玉澗寺)의 경현(慶玄) 율사를 알현하고 사미가 됨. 17세에 삭발하고 법휘를 의존(義存)이라 함. 24세에 회창(會昌)의 파불(破佛)을 만나, 속복을 입고 부용영훈(芙蓉靈訓)에게서 참구함. 그 후 동산양개(洞山良价)의 회하에서 반두(飯頭)의 일을 맡아 봄. 이때 양개와는 특별한 계기를 맺지 못했으나, 그의 가르침에 따라 덕산선감(德山宣鑑)에게서 참구함. 어느 때인가 암두전활(巖頭全豁)·흠산문수(欽山文邃)와 함께 행각을 하다가 호남성 풍주 오산(鰲山)에 이르렀을 때, 내리는 눈 속에 파묻혀 지관좌선(只管坐禪)을 하다가 암두에게 일착(一著)을 받고 대오, 마침내 덕산의 법을 이음. 중화(中和) 2년(882)에는 희종(禧宗) 황제로부터 진각(眞覺) 대사라는 호와 자의(紫衣)를 받음. 그의 문하에 현사사비(玄沙師備)·장경혜릉(長慶慧稜)·고산신안(鼓山神晏)·운문문언(雲門文偃)·보복종전(保福從

展) 등 많은 선승이 있고, 강남 지역을 중심으로 독특한 종풍을 고취시킴. 개평(開平) 2년 5월 2일 입적. 세수 87, 법랍 59. 저술로는 『설봉진각대사어록(雪峰眞覺大師語錄)』 2권이 있음.

성성(惺惺) : 분명한. 확실한. 명료한. 기운이 생생하게 살아 있는. 깨어나 있는, 또는 그러한 사람. 보통 화두가 분명하게 드러나 있는 것을 가리킴.

성소작지(成所作智) : 4지(智)의 하나. 불과(佛果)에 이르러 유루(有漏)의 전오식(前五識)과 그에 상응하는 마음 작용이 사라져 얻은 지혜. 10지 이전의 보살·2승·범부 등을 이롭게 하기 위하여 시방(十方)에서 3업으로 여러 가지 변화하는 일을 보여 각기 이락을 얻게 하는 지혜.

소소영령(昭昭靈靈) : 심성이 밝고 분명함.

수좌(首座) : ① 선원 스님들의 참선을 지도하는 조실·방장을 돕는 제1중직(重職). 선원에서의 위치는 조실·방장 다음이며, 대중이 많을 때는 전당(前堂) 수좌와 후당(後堂) 수좌 두 사람이 있음. 제1좌(第一座)·좌원(座元)·선두(禪頭)·수중(首衆)·판수(板首)라고도 함. ② 참선 학도하는 승려 일반을 가리킴.

아난(阿難, ānanda) : 생몰연대 미상. 경희(慶喜)·환희(歡喜)·무염(無染)이라 번역. 계급은 찰제리(刹帝利). 왕사성(王舍城) 출신. 부처님의 사촌

동생이자 10대 제자로서 부처님을 20년 동안 시중하였고, 모든 제자 중 다문(多聞)제일. 제1결집 때 경문(經文)의 대부분이 그의 기억으로 이루어짐. 마하가섭(摩訶迦葉)의 법을 이어받아 인도의 법계(法系) 제2조가 됨.

아뢰야식(阿賴耶識, ālaya-vijñāna) : 8식(識)의 하나. 진제 등은 무몰식(無沒識)이라 번역하고, 현장은 장식(藏識)이라 번역. 『성유식론』에서는 '장'에 세 가지 뜻을 들었으니, ① 능장(能藏). 모든 것을 만들어 내는 직접적인 원인인 종자를 담아 두는 식이란 뜻. ② 소장(所藏). 8식 중 다른 7식에 의하여 염법(染法)의 종자를 훈습하여 담는 식이란 뜻. ③ 집장(執藏). 제8식은 오랜 때부터 없어지지 않고 상주하므로 자아(自我)인 듯이 제7식에게 집착되는 식이란 뜻. 또 다른 이름으로 수행의 도정을 3분하여, 아뢰야(阿賴耶)·비파가(毘播迦)·아타나(阿陀那)의 이름을 붙임. 아뢰야는 제7 말나(末那)가 제8식을 자아의 존재처럼 집착하는 자리에서의 제8식의 이름. 비파가는 이숙(異熟)이라 번역하니 선악의 업에 따라 과보를 받은 자리에서의 제8식의 이름. 아타나는 부처님 지위에서의 제8식의 이름. 이미 자아의 집착이 없어지고 또 업으로 받은 것도 아니고 물질과 마음의 여러 법을 발현케 하는 종자와 5근을 집지상속(執持相續)하는 자리의 제8식이므로 아타나(執持)라 함.

아만(我慢, ātmamāna) : 나를 믿으며 스스로 높은 체하는 교만.

암두전활(巖頭全豁, 828~887) : 당대(唐代) 스님. 암두는 주석 사명. 속성은 가(痂)씨. 천주(泉州) 출신. 청원 의공(淸原誼公)을 만나서 삭발함. 설봉의존(雪峰義存), 흠산문수(欽山文邃)와 도반이 되어 앙산혜적(仰山慧寂)에게 참학한 다음, 덕산선감(德山宣鑑)의 법을 이어받음. 동정호반(洞庭湖畔) 와룡산(臥龍山)에서 은거했지만, 학인들이 그에게 참학하고자 운집함. 시호는 청엄(淸儼) 대사.

염관제안(鹽官齊安, ?~842) : 당대(唐代) 스님. 남악(南嶽) 문하. 염관은 주석 지명. 속성은 이(李)씨. 해문군(海門郡) 출신. 향리의 운종(雲琮)에게 출가하여, 남악지엄(南嶽智嚴)에게 구족계를 받고, 강서성 남강의 마조도일(馬祖道一)에게 참구하여 그의 법을 이어받음. 절강성 월주 숙산 법락사(法樂寺), 항주 염관 진국 해창원(海昌院)에 머뭄. 선종이 오공(悟空) 대사, 서심지탑(棲心之塔)이라 시호하고, 추도의 시를 지음.

영대(靈臺) : 우리의 본래의 심성이 자리잡고 있는 받침대라는 뜻으로 우리 육신을 가리킴.

영명연수(永明延壽, 904~975) : 5대말(五代末) 송초(宋初) 스님. 법안종. 영명은 주석 사명. 속성은 왕(王)씨. 절강성 임안부(臨安府) 여항(餘杭) 출신. 어려서부터 출가에 뜻을 두었으나 뜻을 이루지 못하고 관리가 되었다가, 28세 때 설봉의존(雪峰義存)의 법을 이은 취암영참(翠巖令參)에게 출가함. 그 후 천태덕소(天台德韶)의 법을 이어 법안종 3세가 됨. 광순(廣順) 2년(952) 설두산(雪竇山) 자성사(資聖寺)로 들어갔다가, 나중에 오월(吳越) 충의왕(忠懿王)의 청을 받고 영은사(靈隱寺)에 머물다 영명사(永明寺, 후에 淨慈寺)로 옮김. 선과 염불을 겸수하여 저녁에는 언제나 행도염불(行道念佛)을 했다고 함. 왕이 서방광교전(西方廣敎殿)을 세워 그를 머물도록 했으므로 석지종효(石芝宗曉)가 연사(蓮社)의 7조로 받드니, 모든 이들이 스님을 자씨(慈氏, 彌勒)의 하생으로 숭배함. 고려의 왕은 그의 학덕을 경모하여 36명의 승려를 유학 보냈는데, 그 때문에 송(宋)에서 쇠퇴하던 법안종이 고려에 널리 성행하게 됨. 시호는 지각(智覺)선사. 저술로는 『종경록(宗鏡錄)』 100권, 『만선동귀집(萬善同歸集)』 3권, 『유심결(唯心訣)』 등이 있음.

용담숭신(龍潭崇信, 782~865) : 당대(唐代) 스님. 청원(青原) 문하. 저궁(渚宮) 출신. 가업이 떡 장수인 그는 천황사(天皇寺)에 머물고 있는 천황도오(天皇道悟)에게 떡을 보냄. 그것을 인연으로 하여 도오에게 귀의하여 출가함. 수년을 참학하여 현지(玄旨)를 깨닫고 예양(澧陽) 용담선원(龍潭禪院)에 머뭄. 제자로는 덕산선감(德山宣鑑)이 있음.

오조법연(五祖法演, 1024~1104) : 송대(宋代) 스님. 임제종 양기파(楊岐派). 오조는 주석 산명. 속성은 등(鄧)씨. 면주(綿州) 출신. 35세에 출가하여 수계함. 혜림종본(慧林宗本)에게 참학하고 부산법원(浮山法遠)을 만나서 그의 법을 이어받고, 기주(蘄州) 황매산(黃梅山)에 머뭄. 저술로는 『오조법연선사어록(五祖法演禪師語錄)』 4권이 있음. 세수 80세에 입적.

오조홍인(五祖弘忍, 594~674) : 당대(唐代) 스님. 중국 선종의 5조. 오조는 주석 산명. 속성은 주(周)씨. 호북성 기주(蘄州) 황매(黃梅) 출신. 4조 도신(道信)의 제자가 되어, 오랫동안 그의 회하에서 수행하고 법을 이음. 쌍봉산(雙峰山) 동쪽 빙무산(憑茂山, 東山)으로 건너가 법문 선포에 힘씀. 홍인의 사상은 심성의 본원에 철저히 함을 본지로 하여, 수심(守心)을 참학의 요체로 삼음. 제자로는 대통신수(大通神秀)·6조 혜능(慧能) 외에도 안주현색(安住玄賾)·자주지선(資州智詵)·혜장(慧藏)·현약(玄約)·숭산법여(嵩山法如) 등이 있는데, 특히 혜능이 그의 법을 이어 남방으로 가 법문을 선양, 그의 한 파가 동산법문(東山法門)이 됨. 숙종(肅宗) 상원(上元) 2년 입적. 세수 74. 대종(代宗)이 대만(大滿) 선사라는 시호를 내림.

원교(圓敎) : 완전한 교법이라는 뜻. 『화엄경(華嚴經)』에 '원만인연수다라(圓滿因緣修多羅)' 또는 '원만경'이란 말이 있는 데서 기인. 이것으로 불교를 비판하여 우열과 천심(淺深)을 정하는 교상판석(敎相判釋)을 삼고, 점돈원(漸頓圓)의 3교를 세움. 『화엄경(華嚴經)』을 원교라 한 것은 북위(北魏)의 혜광(惠光)이 처음. 그 후 천태의 4교, 화엄의 5시(時), 도선(道宣)의 교판에 이 명목을 사용. 자기가 가장 믿는 경전을 원교에 배당.

원오극근(圜悟克勤, 1063~1125) : 송대(宋代) 스님. 임제종 양기파(楊岐派). 자는 무착(無着). 별명은 근파자(勤巴子). 속성은 낙(駱)씨. 팽주(彭州) 숭녕(嵩寧, 四川省 成都市 北西) 출신. 남송(南宋)의 고종(高宗)으로

부터 원오(圜悟), 북송(北宋)의 휘종(徽宗)으로부터 불과(佛果)라는 호를 받음. 유년에 출가하여 여러 곳의 고승에게 참학한 뒤, 오조법연(五祖法演)의 제자가 됨. 후에 금산(金山)에 갔다가 병을 얻어 다시 법연 문하에 돌아와 법을 이음. 한림(翰林) 곽지장(郭知章)의 청에 의해 육조사(六祖寺)·소각사(昭覺寺)에서 설법. 정화(政和) 연간(1111~1117)에 남유(南遊)하여 장상영(張商英)에게 화엄의 현지(玄旨)를 설함. 장상영의 귀의를 받고 협산사(夾山寺)에 머묾. 당시 용불파(容佛派)의 재상 장상영, 성도태수(成都太守) 곽지장, 등자상(鄧子常) 등은 그의 외호자로서 이름이 높았음. 소각사·협산사·도림사에 머물면서『설두송고(雪竇頌古)』를 문인에게 제창하고 수시(垂示)·착어(著語)·평창(評唱)했는데, 문인들이 이것을 모아『벽암록(碧巖錄)』을 엮음. 또한『설두염고(雲竇拈古)』를 제창하여『격절록(擊節錄)』을 엮음. 소흥(紹興) 5년 8월 입적. 세수 73. 시호는 진각(眞覺) 선사. 문하에 대혜종고(大慧宗杲), 호구소륭(虎丘紹隆) 등 100여 인이 있음. 입적 후 제자 호구소륭과 약평(若平)은『원오불과선사어록(圜悟佛果禪師語錄)』20권을 엮었으며, 자문(子文)에 의해『불과원오선사심요(佛果圜悟禪師心要)』2권이 편록(編錄)됨.

위산영우(潙山靈祐, 771~853) : 당대(唐代) 스님. 위앙종. 남악(南嶽) 문하. 위산은 주석 산명. 속성은 조(趙)씨. 복건성 복주 장경(長慶) 출신. 제자 앙산혜적(仰山慧寂)과 함께 선풍을 크게 드날려, 그 법계를 위앙종이라 함. 15세에 출가하여 절강성 항주 용홍사(龍興寺)에서 경율을 배우고, 강서성 진주의 백장회해(百丈懷海) 문하로 들어가 법을 이어받음. 호남성 담주 대위산(大潙山)에 머물며 종풍을 드날림. 앙산혜적·향엄지한(香嚴智閑)·연경법단(延慶法端)·경산홍인(徑山洪諲)·영운지근(靈雲志勤)·왕경초(王敬初) 등 뛰어난 제자들을 배출함. 대중(大中) 7년 정월 9일 입적. 대원(大圓) 선사라는 시호를 받음. 세수 83, 법랍 64. 저술로는 『위산경책(潙山警策)』 1권, 『담주위산영우선사어록(潭州潙山靈祐禪師語錄)』 1권이 있음.

유전(流轉) : 미혹의 생사 바다를 떠다니다. 선악의 업을 끊임없이 지어 그 고락의 과보를 상속함.

육바라밀(六波羅蜜) : 바라밀은 '파라미타(pāramitā)'의 음사. 바라밀다(波羅蜜多)라고도 음사. 도피안(到彼岸)·도피안(度彼岸)·도(度)·도무극(度無極)·사구경(事究竟)이라 번역. 생사의 차안(此岸)에서 열반의 피안(彼岸)으로 건너간다는 뜻으로, 보살의 기본적 실천 덕목. 대승불교의 가장 구체적인 수행 덕목으로서, 보살도의 수행자가 보리심(菩提心)을 발하여 실천하는 보시(布施)·지계(持戒)·인욕(忍辱)·정진(精進)·선정(禪定)·반야(般若)를 가리킴. 『화엄경』에서는 방편(方便)·원(願)·역(力)·지(智)를 포함시켜 10바라밀, 『열반경』에서는 상(常)·락(樂)·아(我)·정(淨)을 포함시켜 10바라밀이라고 함.

육조단경(六祖壇經) : 1권. 원명은 『육조대사법보단경(六祖大師法寶壇經)』. 681년경 6조 혜능(慧能) 지음. 선종의 제6조 혜능이 소주(韶州) 대범사(大梵寺)에서 설법한 내용을 소주 자사(刺史) 위거(韋璩)의 청에 의해 제자 소주법해(韶州法海)가 집성한 것. 이 책은 이본(異本)이 많고, 그 내용의 분과(分科)도 각각 다름. 내용은 북종선(北宗禪)에 대하여 남종선(南宗禪)의 독립을 선언한 것으로, 돈오(頓悟)·견성(見性)의 사상을 설함. 특히 『금강경(金剛經)』에 기초하여 반야삼매를 설하고, 일체법이 무상무념(無相無念)임을 밝힘.

육조혜능(六祖慧能, 638~713) : 당대(唐代) 스님. 중국 선종의 제6조. 속성은 노(盧)씨. 광동성 신주(新州) 신흥현(新興縣)에서 출생. 어려운 환경에서 자라 나무를 해서 어머니를 봉양함. 어느 날 시중에서 『금강경(金剛經)』 읽는 소리를 듣고 출가에 뜻을 품은 후 호북성 기주(蘄州) 황매현(黃梅縣)의 동선원(東禪院)으로 5조 홍인(弘忍)을 찾아감. 대방(碓房, 방앗간)에 8개월 있다가, '보리본무수 명경역비대 본래무일물 하처유진애(菩提本無樹 明鏡亦非臺 本來無一物 何處有塵埃)'라는 유명한 게송을 지음. 스승 홍인으로부터 밤중에 의발(衣鉢)을 전수받고, 시기하는 자들을 피해 남쪽으로 감. 수년간 사냥꾼 무리에 숨어 있다가, 의봉(儀鳳) 원년(677) 광동성 남해(南海)의 법성사(法性寺)로 가서 인종(印宗)에게 구족계를 받음. 이듬해에 조계(曹溪) 보림사(寶林寺)로 옮겨 선풍을 크게 선양하고, 많은 신봉자를 얻음. 신룡(神龍) 원년(705) 중종(中宗)이 칙사를 보내 불렀지만, 병을 핑계로 가지 않음. 광동성 소주(韶州)와 광주(廣州)에서 40여 년간에 걸쳐 교화를 펼쳤는데, 그 중에서도 소주 대범사(大梵寺)에서 행한 설법을 편집해 놓은 것이 후일의 『육조단경(六祖

壇經)』임. 또 『금강경해의(金剛經解義)』라는 2권의 책이 그의 저작으로 전함. 동문인 대통신수(大通神秀, 606~706)는 혜능보다 30세 연장으로, 혜능이 신수의 추천으로 측천무후(則天武后)의 부름을 받은 적도 있음. 신수가 북방의 장안(長安)·낙양(洛陽) 부근에서 포교하고 점수주의(漸修主義)였던 데 반해, 혜능의 선은 남방에서 퍼졌고 돈오주의(頓悟主義)였음. 후세에 이 양자의 선풍을 나란히 남돈북점(南頓北漸)이라 칭하고, 또 남종선(南宗禪)·북종선(北宗禪)이라고도 함. 남종선이 후세에 발전했던 것은 그 법계에 뛰어난 인재들이 나왔던 점에도 원인이 있지만, 북종선에 비해 보다 중국적이었기 때문이라 할 수 있음. 선천(先天) 2년 8월 3일 국은사(國恩寺)에서 입적. 원화(元和) 10년(815) 헌종(憲宗)이 대감(大鑑) 선사라는 시호를 내림. 그의 제자 중 뛰어난 선승으로는 청원행사(靑原行思, 740년 입적)·남악회양(南嶽懷讓, 677~744)·하택신회(荷澤神會, 670~762)·영가현각(永嘉玄覺, 675~713)·남양혜충(南陽慧忠, 775년 입적) 등이 있음. 후세에 중국이나 한국, 일본에서 번성한 임제종·조동종을 비롯한 소위 5가(家) 7종(宗)의 선은, 모두 혜능의 법계에서 발전된 것임.

의상(義湘, 625~702) : 신라 스님. 속성은 김씨. 29세에 황복사에서 출가함. 당나라의 불교가 성함을 듣고, 650년 원효와 함께 중국에 가려고 요동까지 가서, 원효는 무덤 사이에서 자다가 해골에 고인 물을 먹고 유심(唯心)의 도리를 깨달아 돌아오고, 스님은 당나라에 가서, 처음 양주에 있다가 662년 종남산 지상사 지엄(智儼)에게서 현수(賢首)와 함께 『화엄경(華嚴經)』을 연구. 신라의 사신 김흠순(金欽純)을 당나라에서 가두고 신라를 치려 하자, 스님이 670년 본국에 돌아와 그 사실을 보고(報告). 왕이 명랑(明朗) 법사를 청하여 기원하여 무사하였음. 676년(문무왕16) 태백산에 부석사를 창건, 현수가 『화엄수현기(華嚴搜玄記)』를 짓고 부본(副本)을 보내면서 편지한 것이 지금까지 전함. 화엄종의 10찰(刹)을 짓고, 『화엄경(華嚴經)』을 널리 전함. 태백산 부석사, 원주 비마라(毘摩羅), 가야산 해인사, 비슬산 옥천사, 금정산 범어사, 지리산 화엄사 (이밖에 한주 부아산 청계사, 전주 무악산 국신사, 삭주 계란산 화산사, 계룡산 갑사, 웅주 가야협 보원사, 공산 미현사 등을 말하나 미상) 등. 저서로 『화엄일승법계도(華嚴一乘法界圖)』·『백화도량발원문(白華道場發願文)』 등. 성덕왕 1년 나이 78세로 입적함. 해동 화엄종의 초조(初祖). 제자로는 오진(悟眞)·지통(智通)·표훈(表訓)·진정(眞定)·진장(眞藏)·도융(道融)·양원(良圓)·상원(相源)·능인(能仁)·의적(義寂) 등이 유명.

이뭐꼬 : '이것이 무엇인가?'라는 뜻의 '시심마(是甚麼)'를 우리말로 쓴 공안. 심마는 '십마(什摩)', '심마(甚摩)', '십마(什麼)'로도 쓰는데 '무슨', '어떤' 등의 의미를 갖는 의문사.

인가(印可) : 스승이 제자의 깨달음을 인증하는 것. 인(印)은 인정(印定)·인신(印信), 가(可)는 허가·인가.

일체지(一切智, sarvajña) : 일체 제법의 총상(總相)을 개괄적으로 아는 지혜. 천태(天台)에서는 성문·연각(緣覺)의 지혜라 하고, 구사종에서는 부처님의 지혜라 함.

일초직입여래지(一超直入如來地) : 수행자는 미망의 낮은 경계에서부터 점차 단계를 거쳐 높은 부처의 경지에 올라가는 것이 아니고, 자기가 태어나면서부터 본래 부처라는 것을 알면, 즉각 부처의 경지에 오른다는 말.

임제의현(臨濟義玄, ?~867) : 당대(唐代) 스님. 임제종의 개조. 임제는 주석 사명. 속성은 형(邢)씨. 하남성 조주 남화(南華) 출신. 어려서부터 지극히 총명하여 재기(才氣)를 나타냈고, 성장해서는 효행이 지극하기로 알려짐. 불교에 마음을 두고 출가, 구족계를 받고, 곧 여러 곳의 고승들을 찾아 다니며 공부함. 처음에는 주로 율이나 화엄에 열중했지만, 이러한 공부가 불교의 진실을 얻는 도가 아님을 깨닫고 운수 행각에 나섬. 황벽산(黃檗山)의 희운(希運)에게 참구하여 그에게 비범한 재능을 인정받고, 선의 깊은 뜻을 찾아 깨달음의 경지에 이르렀지만, 희운의 가르침대로 고안대우(高安大愚)를 찾아가 참구하고, 또 뒤이어 위산영우(潙山靈祐)를 알현한 후, 다시 황벽의 회하로 돌아옴. 희운은 백장회해(百丈懷海)의 선판(禪板)과 궤안(几案)을 주고 인가를 내림. 의현은 스승의 법을 이은 후, 여러 선림의 노사들을 방문하고, 대중(大中) 8년(854) 하북성 진주 정정현(正定縣) 동남쪽 작은 원(院)에 머뭄. 이 원은 호타강(湖陀江)에 가깝게 위치하고 있는데, 후에 임제원(臨濟院)이라 불림. 그 후 태위(太尉) 묵군화(黙君和)가 자신의 집을 기증하여 절로 만들고, 의현을 맞아들여 역시 임제원이라 부름. 의현의 도풍이 널리 사방에 미쳐, 도를 구하려는 자가 끊일 새가 없었음. 이때 진주 보화(鎭州普化)와 극부(克符)가 법숙(法叔)의 연에 따라 의현(義玄)의 교화를 도왔고, 용아거둔(龍牙居遁), 낙보원안(樂普元安), 마곡보철(麻谷寶徹), 봉림(鳳林) 등의 선승도 참례함. 그 후 하북성 대명부 대명현(大名縣)의 흥화사(興化寺)로 옮겨 동당에 기거함. 혜조(慧照) 선사라는 시호를 받음. 제자로 삼성혜연(三聖慧然), 흥화존장(興化存獎), 관계지한(灌谿志閑), 유주담공(幽州譚空), 풍혈연소(風穴延沼), 위부대각(魏府大覺), 정주선최(定州善崔), 진주만세(鎭州萬歲) 등 22명이 있고, 삼성이 『진주임제혜조선사어록(鎭州臨濟慧照禪師語錄)』을 기록함.

자성(自性) : 사물(존재, 또는 현상)의 본성·본체. 진여(眞如)의 별칭으로, 선문에서는 본래 갖춘 심성의 의미로 쓰임. 자심(自心)·불성·자성청정심 등이라고도 함.

장경혜릉(長慶慧稜, 854~932) : 당말(唐末) 5대(五代) 스님. 설봉(雪峰) 문하. 장경은 주석 사명. 속성은 손(孫)씨. 절강성 항주 염관(鹽官) 출신. 13세 때 강소성 소주 통현사(通玄寺)에서 출가. 영운지근(靈雲志勤), 설봉의존(雪峰義存), 현사사비(玄沙師備) 등을 참하고, 후에 설봉의 법을 이음. 천우(天祐) 3년(906) 복건성 천주 자사(泉州刺史)인 왕정빈(王廷彬)의 청에 따라 초경원(招慶院)에 머물고, 그 후에 복건성 복주 장경원

(長慶院)에 머뭄. 초각(超覺) 대사라는 호를 받음.

전등록(傳燈錄) : 30권. 송(宋) 승천도원(承天道源) 엮음. 원대(元代) 간본(刊本) 말미에 기록된 정앙(鄭昂)의 발(跋)에 의하면, 호주(湖州) 철관음원(鐵觀音院) 공진(拱辰)이 지은 것이라고도 함. 경덕(景德) 원년(1004)에 이루어져 양억(楊億, 楊文公)이 교정하고 진종(眞宗)에 상진(上進)하여 입장(入藏)이 칙허됨. 선종사전서(禪宗史傳書) 중 가장 대표적인 문헌으로, 당대(唐代)에 이루어진 『보림전(寶林傳)』, 『속보림전(續寶林傳)』, 『진문성주집(眞門聖胄集)』 등의 뒤를 이어 달마선(達磨禪)의 전등상승설(傳燈相承說)을 대성하여 사자기연(師資機緣)의 어구를 모아 엮은 기언체(記言體) 보록(譜錄). 과거 7불로부터 서천(西天)의 28대, 동토(東土)의 6대를 거쳐 법안문익(法眼文益)의 사(嗣)에 이르기까지, 대략 53세(世) 1,701인(그 중 951인만 전기가 있음)을 언급하고, 다시 권말에 게찬(偈贊), 송명(頌銘), 가잠(歌箴) 등 대표적인 것을 합해 기록함. 최초의 본격적인 선종 사서(史書)일 뿐만 아니라, 유가(儒家)에도 큰 영향을 줌. 주자(朱子)의 『이락연원록(伊洛淵源錄)』, 황리주(黃梨州)의 『명유학안(明儒學案)』, 만계야(萬季野)의 『유림종파(儒林宗派)』 등도 모두 본서의 체제를 모방한 작품들임.

정법안장(正法眼藏) : 정법 또는 불법의 의미. 정법이란 일체의 것을 비추어 보는 지혜[佛智]의 눈인 것은 물론, 일체의 교법을 포함하는 경전이라는 뜻.

정안종사(正眼宗師) : 바른 지혜와 깨달음의 눈을 가진 선문의 스님.

정전백수자(庭前柏樹子) : 조주종심(趙州從諗)에게 어떤 스님이 "어떤 것이 조사께서 서쪽에서 오신 뜻입니까?" 하고 물으니, 조주스님이 "뜰 앞의 잣나무니라." 하였다.

조어장부(調御丈夫) : 부처님을 달리 부르는 10가지 호칭 중의 하나. 부처님은 대자대비하며, 대지(大智)로써 부드러운 말, 간절한 말, 또는 여러 가지 말을 써서 중생을 조복제어하고 바른 이치를 잃지 않게 하는 이라는 뜻.

조주무자(趙州無字) : 조주종심(趙州從諗)에게 어떤 스님이 "개도 불성이 있습니까?" 하고 물으니, 선사가 "있느니라." 하였다. 스님이 다시 "있다면 어째서 가죽 부대 속에 들어 있습니까?" 하고 물으니, 선사가 "그가 알면서도 일부러 범했기 때문이니라." 하였다. 다시 어떤 스님이 "개도 불성이 있습니까?" 하고 물으니, 선사가 "없느니라." 하였다. 스님이 다시 "일체 중생이 모두 불성이 있다 했거늘, 개는 어째서 없다 하십니까?" 하니, 선사가 "그에게 업식(業識)이 있기 때문이니라." 하였다.

조주종심(趙州從諗, 778~897) : 당대(唐代) 스님. 남악(南嶽) 문하. 조주는 주석 지명. 속성은 학(郝)씨. 산동성 조주(曹州) 학향(郝鄉) 출신. 어린 시절에 출가, 남전보원(南泉普願)에게 참학하여 깨달은 다음, 계를 받고 남전에게 귀의함. 여러 곳을 유력하다가 나이 80이 되어서야 조주성(趙州城) 동쪽 관음원(觀音院)에 머물면서 40년 동안 고담착실(枯淡着實)한 선풍을 드날림. 시호는 진제(眞際) 대사. 그의 어록 『조주록(趙州錄)』은 선가에서 널리 참구되고 있음.

종경록(宗鏡錄) : 100권. 법안종 3대 영명연수(永明延壽, 904~976) 지음. 건륭(建隆) 2년(961) 성립. 『심경록(心鏡錄)』 또는 『종감록(宗鑑錄)』이라고도 함. 교선(敎禪) 일치의 입장에서 제종(諸宗)의 교의를 체계화한 일대 불교 범론(汎論). 「표종장(標宗章)」, 「문답장(問答章)」, 「인증장(引證章)」의 3장으로 구성되어 있으며, 먼저 일심(一心)의 체(體)를 세워 심외무법촉목시도(心外無法觸目是道)의 이치를 밝히고, 계속해서 문답 형식으로 그 이치에 오입(悟入)하는 방편을 보이면서 널리 경론의 말을 인용하여 논지를 증명함.

지견(知見) : 지식에 기초를 둔 견해·해석. 자기의 사려분별에 의해 세운 견해. 지견은 지혜와 다른데, 지혜는 반야의 무분별지로서 사려분별을 떠난 심식(心識). 지견을 지혜와 동의어로 쓸 때는 불지견(佛知見), 또는 지견바라밀(知見波羅蜜)이라고도 함.

지자(智者, 538~597) : 천태지의(天台智顗). 위진남북조(魏晉南北朝) 스님. 천태종의 개조. 천태는 주석 산명. 18세 때 출가하여 『열반경』·『법화경』을 배우고, 560년 광주(光州) 대소산(大蘇山)에서 남악혜사(南嶽

慧思)에게 사사하여 법화삼매(法華三昧)의 체득에 전념함. 567년 남악(南嶽)으로 은퇴한 혜사와 헤어져 금릉(金陵)으로 와서 569년 와관사(瓦官寺)에 머물면서 『법화경』·『대지도론(大智度論)』 등을 강의하며 선을 가르침. 후세에 이 해를 천태종 개종(開宗)의 원년으로 삼음. 575년 절강성의 천태산(天台山)에 들어가 천태 교학을 확립하고, 후에 고향인 형주(荊州)에 옥천사(玉泉寺)를 창건, 『법화현의(法華玄義)』·『법화문구(法華文句)』·『마하지관(摩訶止觀)』을 강설함.

진여(眞如, tathatā) : 우주의 일체 현상 또는 존재를 일관하고 있는 근원적인 이법(理法). 이 이법은 무상·무아·인연소생(因緣所生)·공(空)임. 또 이것은 부처님이 얻은 무상정등정각(無上正等正覺)의 내용이기도 하며, 부처의 본체이고, 부처 그 자체이며, 일체 존재의 본성임. 이 이법을 현상 또는 존재와 불이일체(不二一體)로 받아들이는 진리를 법성(法性)이라고도 함. 진여(眞如)·법계(法界)·불허망성(不虛妄性)·불변이성(不變異性)·평등성(平等性)·실제(實際)·허공계(虛空界)·무아성(無我性)·공성(空性)·무상(無相)·자성청정심(自性淸淨心)·불성(佛性)·법신(法身)·여래장(如來藏) 등은 모두 법성(法性)과 같은 뜻임.

진정극문(眞淨克文, 1025~1102) : 송대(宋代) 스님. 임제종 황룡파(黃龍派). 호는 운암(雲庵). 보봉극문(寶峰克文)·늑담극문(泐潭克文)이라고도 함. 속성은 정(鄭)씨. 하남성 섬부 문향(閺鄉) 출신. 호북성 복주(復州) 북탑(北塔) 광공(廣公)의 설법을 듣고 사사하여 극문이라 함. 25세에 득도하여 구족계를 받고, 처음엔 경론을 배웠지만 선이 있음을 알고 남유(南遊), 치평(治平) 2년(1065) 대위산(大潙山)에서 수도. 한 스님이 들려 주는 운문문언(雲門文偃)의 이야기를 듣고 대오. 적취(積翠) 황룡혜남(黃龍慧南)에게 참학하여 그 법을 이음. 고안(高安)에 돌아가 구봉(九峰) 아래에 투로암(投老庵)을 세워서 한거함. 6년간 여산(廬山)의 귀종사(歸宗寺)에 머물고 또 장상영(張商英)의 청에 의해 늑담(泐潭)에 머뭄. 황룡조심(黃龍祖心), 동림상총(東林常總)과 함께 임제종 황룡파 발전의 기초를 세운 중진. 운암(雲庵)에 퇴거하여 숭녕(崇寧) 원년 10월 16일 입적. 세수 78, 법랍 52. 저서로는 『운암진정선사어록(雲庵眞淨禪師語錄)』 6권이 있음.

참구(參究) : 참선해서 진리를 구명(究明)하는 일. 스승이 준 화두를 해결하려고 노력함.

천인사(天人師) : 부처님을 달리 부르는 10가지 호칭 중의 하나. 부처님은 천상계와 사람의 스승이라는 뜻.

청량징관(淸凉澄觀, 738~839) : 당대(唐代) 스님. 화엄종 제4조. 자는 대휴(大休). 화엄(華嚴) 보살 또는 화엄소주(華嚴疏主)라고도 불림. 속성은 하후(夏侯)씨. 월주(越州) 회계(會稽) 출신. 9세에 체진(體眞) 대사를 은사로 해서 출가하여 선과 교를 두루 섭렵함. 징관 학설은 남종선과 북종선의 융합을 꾀함과 동시에 천태·화엄 교학과 선의 융합을 주장하여 선교일치 사상에 기초를 둔 점에 특징이 있음. 저서로는 『화엄경주소(華嚴經註疏)』 20권·『화엄경수소연의초(華嚴經隨疏演義鈔)』 90권·『화엄현담(華嚴玄談)』 9권 등이 있음. 세수 102세.

초전법륜(初轉法輪) : 부처님이 처음으로 설법을 하심. 전법륜이라는 말은 부처님이 교법을 넓히는 것, 곧 부처님의 설법을 말한다. 전륜왕이 윤보(輪寶)를 굴릴 때에 이르는 곳마다 적이 굴복하여 귀순하는 것같이 부처님의 설법은 모든 번뇌를 파하고 삿된 소견을 부수므로 전법륜이라 함.

출격장부(出格丈夫) : 출격은 보통의 수준이나 형식을 초월한다는 뜻으로 일반적인 상식이나 사량분별의 범위를 벗어나는 것을 말한다. 뛰어난 선사의 면모를 보이는 스님을 가리키는 말.

탐현기(探玄記) : 정식 이름은 『화엄경탐현기(華嚴經探玄記)』. 당나라 때 현수법장(賢首法藏)이 687년에서 695년 사이에 저술하였다. 줄여서 『화엄탐현기』·『탐현』·『탐현기』·『화엄경소』라고 한다. 불타발타라가 번역한 60권 『화엄경』에 대한 주석서로서, 특히 『십지품』과 『입법계품』에 대해 자세히 주석하고 있다. 법장은 이 책을 2권이 미완성인 채로 신라 승려인 승전(勝銓)을 통해 의상에게 보냈고, 의상은 이것을 살펴본 후에 제자들에게도 연구하도록 하였다. 고려시대에 균여가 『탐현기석(探玄記釋)』 28권을 지었으며, 일본의 응연(凝然)·보적(普寂)·방영

(芳英) 등이 지은 주석서들이 단편적으로 전한다.

태고보우(太古普愚, 1301~1382) : 고려 스님. 보허(普虛)라고도 함. 속성은 홍(洪)씨. 홍주(洪州) 출신. 13세에 양주 회암사(檜巖寺) 광지(廣智)에게 출가하여 그 뒤 여러 총림을 찾았고, 19세에 만법귀일(萬法歸一)의 화두를 참구하여 성서(城西)의 감로사(甘露寺)에서 의단(疑團)을 타파. 41세에 삼각산(三角山) 중흥사(重興寺) 동봉(東峰)에 태고암(太古庵)을 짓고 머물다가 46세에 중국에 가서 호주(湖州) 하무산(霞霧山)의 석옥청공(石屋淸珙)에게 참구하고 그의 법을 이어받음. 이로써 태고는 해동 임제종의 시조가 됨. 귀국 후 미원(迷源, 廣州) 소설산(小雪山)에 들어가 농사 지으며 살다가 공민왕의 청으로 산을 나와 설법하고 왕사가 됨. 봉암사(鳳巖寺)와 보림사(寶林寺) 주지로 있으면서 교화를 펴다가 신돈(辛旽)의 모함으로 속리산(俗離山)에 유폐됨. 신돈 사후 우왕은 보우를 국사로 삼고 영원사(瑩源寺)에 머물게 함. 소설산에서 입적. 시호는 원증(圓證). 탑호는 보월승공(寶月昇空). 어록으로 『태고화상어록(太古和尙語錄)』이 있음.

투자대동(投子大同, 819~914) : 당대(唐代) 스님. 청원(靑原) 문하. 투자는 주석 산명. 속성은 유(劉)씨. 서주(舒州) 회령(懷寧) 출신. 어린 시절에 보당만(保唐滿)에게 귀의하여 출가함. 취미무학(翠微無學)에게 참학하여 심인을 얻고 제방을 편력한 다음 투자산(投子山)에 은거함.

평등성지(平等性智) : 제7식을 바꾸어 얻은 무루 지혜. 통달위(通達位)에서 그 일부분을 증득하고, 불과(佛果)에 이르러 그 전체를 증득한다. 일체 모든 법과 자기나 다른 유정들을 반연하여 평등 일여한 진리의 본체를 관하고 너와 나의 차별심을 여의어 대자대비심을 일으키며, 보살을 위하여 여러 가지로 교화하여 이익되게 하는 지혜.

해제(解制) : 선원에서 3개월 동안의 안거(安居)를 끝마치는 것. 즉, 음력 4월 15일부터 7월 14일까지의 하안거(夏安居)와 음력 10월 15일부터 1월 14일까지 동안거(冬安居)를 푸는 것. 해제일에는 조실의 상당법어가 행해지며 선승들은 계속 선원에 남아 정진하거나 행각을 나서게 됨. 안거를 시작하는 것은 결제(結制)라 함.

향엄지한(香嚴智閑, ?~898) : 당대(唐代) 스님. 남악(南嶽) 문하. 향엄은 주석 산명. 청주(青州) 출신. 어린 시절에 백장회해(百丈懷海) 선사에게 출가하고, 위산영우(潙山靈祐)에게 참학함. 남양(南陽) 무당산(武當山)에 있는 남양혜충(南陽慧忠) 국사의 도량에서 은거하던 어느 날, 뜰을 청소하다가 돌이 대나무에 부딪히는 소리를 듣고 홀연히 깨달아 위산의 법을 이어받음. 그 후 향엄산(香嚴山)에 머물면서 위산의 종풍을 널리 선양함. 시호는 습등(襲燈) 대사.

현각(玄覺, 665~713) : 당나라 승려. 고향이 영가(永嘉)이다. 영가현각(永嘉玄覺)으로 불린다. 여덟살에 출가하여 삼장(三藏)을 연찬하였다. 특히 천태지관(天台止觀)에 통달했다. 후에 온주(溫州)의 용흥사(龍興寺) 측암(側巖)화상 아래에서 직접 암자를 짓고 홀로 살면서 항상 선관(禪觀)을 닦았다. 우연히 좌계현랑(左溪玄朗)의 격려로 제방을 순행할 뜻을 세우고 동양현책(東陽玄策)과 함께 제방을 돌며 깨달음을 구하다가 운양(韻陽)을 지날 때 혜능에게 참알하고 문답을 통해 인가(印可) 받았다. 이때 혜능 회상에 하룻밤을 지냈는데 이로 인해 일숙각(一宿覺)이라 불리웠다. 『증도가(證道歌)』, 『선종오수원지(禪宗悟修圓旨)』 1권, 『영가집(永嘉集)』 10권을 남기고 선천 2년 10월 17일에 49세로 입적함.

현사사비(玄沙師備, 835~908) : 당대(唐代) 스님. 청원(靑原) 문하. 현사는 주석 사명. 속성은 사(謝)씨. 복건성 민현(閩縣) 출신. 함통(咸通) 초년의 어느 날 홀연히 발심하여 부용산(芙蓉山)의 영훈(靈訓)을 찾아가 출가, 함통 5년(864)에 개원사(開元寺)의 도현(道玄) 율사에게서 구족계를 받음. 함통 7년에 영훈의 은사인 설봉의존(雪峰義存)에게 참구하여 그의 법을 이어받음. 설봉의 회하에 있으면서 그 지계가 엄격하여 비두타(備頭陀)라고 존칭되었고, 또 사가(謝家)의 3남(男)이라는 뜻에서 사삼랑(謝三郞)이라고도 불렸음. 처음에는 보응산(普應山)에 머물렀다가, 뒤이어 현사원(玄沙院)에 머뭄. 광화(光化) 원년(898)에는 민왕(閩王) 왕심지(王審知)의 명에 따라 안국원(安國院)에 머뭄. 소종(昭宗)이 종일(宗一) 대사라는 호와 가사를 내림. 개평(開平) 2년 2월 27일 입적. 세수 74, 법랍 45. 『복주현사종일대사광록(福州玄沙宗一大師廣錄)』 3권, 『복주현사종일선사어록(福州玄沙宗一禪師語錄)』 3권이 편찬됨. 문하에 나한계침(羅漢桂琛)·국청사정(國淸師靜) 등이 있음.

현수법장(賢首法藏, 643~712) : 중국 스님. 화엄종 제3조. 조상은 강거(康居) 사람이며, 조부 때 중국 장안(長安)에 오다. 호는 향상(香象), 속성은 강(康)씨. 17세에 태백산에 들어가 수년 동안 경론을 연구. 다시 낙양 운화사에서 지엄(智儼)에게 『화엄경』을 듣다. 26세 지엄이 입적한 뒤에 그 법을 깊이 수호. 28세에 칙명으로 출가하여 여러 번 『화엄경』을 강하였으며, 53세 때에 인도 스님 실차난타(實叉難陀)가 우전국에서 『화엄경』 범본(梵本)을 가지고 와서 번역할 때 그 필수(筆受)를 맡아 5년만에 마치니, 이것이 80권본 『화엄경』. 699년 10월 측천무후의 청으로 불수기사에서 새로 번역된 『화엄경』을 강하여, 현수라는 호를 받고, 이로부터 무후의 신임이 두터웠다. 책을 지어 화엄의 교리를 크게 밝히고, 화엄종의 조직적 체계를 이루어 놓았다. 당 선천 1년 11월 장안 대천복사에서 70세를 일기로 입적. 저서로는 『화엄경탐현기(華嚴經探玄記)』 20권, 『화엄오교장(華嚴五敎章)』 3권, 『화엄지귀(華嚴旨歸)』, 『유심법계기(遊心法界記)』, 『금사자장(金獅子章)』, 『망진환원관(妄盡還源觀)』, 『기신론의기(起信論義記)』 등.

화두(話頭) : 원래 의미는 '이야기의 실마리', '화제'라는 의미이나 '화칙(話則)', '고칙(古則)', '공안(公案)'의 의미로 쓰임. 두(頭)는 조사.

활구(活句) : 사구(死句)에 대응하는 말. 사량분별을 끊은 깨달음의 소식을 여실하게 파악한 구(句). 동일구(同一句)이지만 사량분별을 끊어서 바르게 판단하면 활구이고, 사량분별로써 파악하면 사구가 됨.

황룡사심(黃龍死心, 1043~1114) : 법명은 오신(悟新). 임제종 황룡파(黃龍派). 황룡은 주석 산명. 속성은 황(黃)씨. 소주(韶州) 출신. 불타원(佛陀院) 덕수(德修)에게 귀의하여 출가 수계함. 여러 지방을 행각하다가 황룡조심(黃龍祖心, 1025~1100)에게 참학하여 그의 법을 이어받음. 스스로 사심 수(死心叟)라고 칭함. 여러 산을 두루 돌아다닌 다음 황룡산(黃龍山)에 머물면서 황룡파의 선풍을 널리 선양함.

흠산문수(欽山文邃, 생몰 연대 미상) : 당대(唐代) 스님. 흠산은 주석 산명. 복주(福州) 출신. 대자환중(大慈寰中)에게 출가하여 덕산선감(德山宣鑑, 782~865), 동산양개(洞山良价) 등에게 참학하고, 동산의 법을 이어받음. 예주(澧州) 흠산(欽山)에 머물렀음.

성철스님
화두 참선법

초판 발행　　　2008년 10월 3일
개정판 1쇄 발행　2016년 1월 25일
개정판 5쇄 발행　2024년 1월 10일

엮은이　원택

발행인　여무의(원택)　　발행처　도서출판 장경각
등록번호　합천 제1호　　등록일자　1987년 11월 30일
본　사　경남 합천군 가야면 해인사길 118-116 해인사 백련암
서울사무소　서울시 종로구 삼봉로 81(수송동, 두산위브파빌리온) 1232호
전　화　(02)2198-5372　　팩　스　(050)5116-5374
홈페이지　www.sungchol.org

편집·제작　선연

ⓒ 2016, 장경각

ISBN 978-89-93904-69-7　03220

값 12,000원

※이 책에 실린 내용은 무단으로 복제하거나 전재할 수 없습니다.
※잘못된 책은 교환해 드립니다.

※성철스님 화두 참선법 육성법문은 **성철넷홈페이지**(www.sungchol.org)
　영상실에서 보실 수 있습니다.